Büchner | Dantons Tod

Lektüreschlüssel XL

für Schülerinnen und Schüler

Georg Büchner

# Dantons Tod

Von Uwe Jansen

Reclam

Dieser Lektüreschlüssel bezieht sich auf folgende Textausgabe:
Georg Büchner: *Dantons Tod. Ein Drama.* Hrsg. von Ralf Kellermann. Stuttgart: Reclam, 2018 [u. ö.]. (Reclam XL. Text und Kontext, Nr. 19037.)
Diese Ausgabe des Werktextes ist seiten- und zeilengleich mit der in Reclams Universal-Bibliothek Nr. 6060.

E-Book-Ausgaben finden Sie auf unserer Website unter www.reclam.de/e-book

Lektüreschlüssel XL | Nr. 15494
2018 Philipp Reclam jun. GmbH & Co. KG,
Siemensstraße 32, 71254 Ditzingen
Druck und Bindung: Canon Deutschland Business Services GmbH,
Siemensstraße 32, 71254 Ditzingen
Printed in Germany 2018

ISBN 978-3-15-015494-6

Auch als E-Book erhältlich

www.reclam.de

# Inhalt

# 1. Schnelleinstieg

| | | |
|---|---|---|
| Autor | Georg Büchner, 17. Oktober 1813 (Goddelau, Hessen-Darmstadt) – 19. Februar 1837 (Zürich) | |
| Erstdruck | 1835 (redaktionell stark bearbeitet), Frankfurt a. M. | |
| Uraufführung | 1902 Berlin, Freie Volksbühne im Belle Alliance Theater | |
| Ort und Zeit der Dramenhandlung | Paris, Frühjahr 1794 | |
| Handlungsbestimmender Konflikt | Phase der Terreur (Schreckensherrschaft) innerhalb der Französischen Revolution | |
| | Gruppe um Danton: Mäßigung | Gruppe um Robespierre: Radikalisierung |

»Der Dichter ist kein Lehrer der Moral«[1], erklärte der 21-jährige Medizinstudent und steckbrieflich gesuchte Revolutionär kurz nach der Veröffentlichung von *Dantons Tod* am 28. Juli in einem Brief an seine Familie. Tatsächlich dürfen Leserinnen und Leser dieses Dramas keine vorgefertigten Lehrsätze erwarten. Und das ist wohl auch gut so. Zu verschieden ist unsere Zeit von derjenigen Büchners und erst recht im

Keine vorgegebene Lesart

1 Georg Büchner, *Werke und Briefe*, Münchner Ausgabe, hrsg. von Karl Pörnbacher [u. a.], München [8]2001, S. 306.

Vergleich zur Französischen Revolution, zu unterschiedlich sind alle Individuen, die sich auf den komplexen Text einlassen, und zu stark sind wir vom grundsätzlichen Wert eines Pluralismus der politischen Meinungen, der Weltanschauungen, der religiösen Vorstellungen u. Ä. überzeugt. Zahlreiche konkurrierende Deutungen des Dramas (Kap. 6), die sich mitunter sogar widersprechen, belegen diese Vielfalt.

■ Warum *Dantons Tod* lesen?

Warum dann *Dantons Tod* lesen? Büchner fährt in seinem Brief an die Familie fort: »[Der Dichter] erfindet und schafft Gestalten, er macht vergangene Zeiten wieder aufleben, und die Leute mögen dann daraus lernen, so gut, wie aus dem Studium der Geschichte und der Beobachtung dessen, was im menschlichen Leben um sie herum vorgeht.«[2] Nimmt man diese Selbstäußerung ernst, so handelt es sich bei dem Stück um eine Art Versuchsanordnung des jungen, politisch bewegten Naturwissenschaftlers, die gerade wegen der Vielfalt der Ergebnisse, die sie hervorzubringen vermag, zeitlos ist.

■ Dramatische Versuchsanordnung

Stoff ist also die Große Revolution in Frankreich (1789–99) – Büchner wählt aber gerade nicht den triumphalen, bis heute gefeierten Beginn am 14. Juli, auch nicht die (gerade im deutschsprachigen Raum stark und kontrovers wahrgenommene) Verhaftung und Hinrichtung König Ludwigs XVI., schon gar nicht die Verfassungsgeschichte und auch nicht das (schein-

2 Büchner (s. Anm. 1), S. 306.

bare?) Ende der Revolution mit Napoleon. Er greift vielmehr wenige Tage innerhalb der sogenannten Schreckensherrschaft heraus. Nach Ausschaltung der ultraradikalen Hébertisten am 24. März 1794, worauf zu Beginn des Dramas (I,2) Bezug genommen wird, stehen einander im Wesentlichen zwei Gruppierungen gegenüber: Die Jakobiner um Robespierre und St. Just wollen den revolutionären Prozess mit dem Ziel eines vollständigen, auch sozialen Umsturzes weiter radikalisieren. Danton und seine Mitstreiter, ursprünglich gemeinsam mit Robespierre am zentralen Wohlfahrtsausschuss beteiligt, wollen die Revolution beenden und treten für Mäßigung ein. Das Stück führt die letzten Tage dieser Auseinandersetzung bis zur Hinrichtung der Dantonisten am 5. April 1794 vor.

Stoff: Zeit der Schreckensherrschaft

Es geht um Politik, um blutige Gewalt und Willkür, aber auch um Sexualität und innige Liebe bis in den Tod und nicht zuletzt um philosophische und existentielle Fragen nach dem Dasein Gottes und der Zerbrechlichkeit des Menschen. Büchner legte die Fragen, die ihn zeit seines kurzen Lebens unaufhörlich beschäftigten und die wohl niemandem unbekannt sind, seiner Titelfigur in den Mund: »Was ist das, was in uns hurt, lügt, stiehlt und mordet?« (S. 43), Fragen, die er fast wörtlich auch bereits seiner Braut in einem Brief um die Entstehungszeit des Textes im Frühjahr 1834 stellte.[3]

Letzte Fragen

3 Büchner (s. Anm. 1), S. 288.

Radikalität Büchners

In ihrer literarischen, aber auch politischen Radikalität waren die Schriften Büchners ihrer Zeit weit voraus – erst im 20. Jahrhundert begann sich die immense Wirkung richtig zu entfalten. Nach der Uraufführung des Stückes im Berliner Belle Alliance Theater durch die der Arbeiterbewegung nahestehenden Freien Volksbühne im Jahr 1902 folgten in den wenigen Jahren der Weimarer Republik an die 100 verschiedene Inszenierungen auf deutschsprachigen Bühnen.

Wirkung

Nach dem Zweiten Weltkrieg war das Werk Büchners in beiden deutschen Staaten und darüber hinaus – wenn auch z. T. aus unterschiedlichen Gründen – hoch angesehen, es entstanden erstmals wissenschaftlich belastbare Textausgaben. Heute ist Büchner aus der Literatur- und Theaterwissenschaft, von den Bühnen unterschiedlichster Couleur und auch aus den Klassenzimmern nicht mehr wegzudenken – ein sichtbares Indiz hierfür ist die in der Öffentlichkeit stark beachtete jährliche Vergabe des Georg-Büchner-Preises für deutschsprachige Literatur der Deutschen Akademie für Sprache und Dichtung, der als bedeutendster Literaturpreis des Landes gilt.

Georg Büchner heute

# 2. Inhaltsangabe

Trotz aller Modernität wahrt *Dantons Tod* im Prinzip die drei klassischen, auf Aristoteles zurückgehenden Einheiten des Dramas: Raum, Zeit, Handlung.

## I Exposition des Konflikts

### I,1 Vorstellung der Dantonisten in einem Spielsalon

Danton und seine Freunde befinden sich in einem Spielsalon, wohl innerhalb des Vergnügungslokals ›Palais Royal‹. Danton beobachtet im Gespräch mit seiner Gattin Julie, wie sich Hérault-Séchelles mit »einigen Damen« beim Kartenspiel vergnügt. Wenig später stoßen Camille Desmoulins und Philippeau hinzu. Sie berichten über die Hinrichtung der ultraradikalen Hébertisten an diesem Tag und diskutieren die Folgen dieses Ereignisses. Hérault-Séchelles formuliert das Programm der Dantonisten: »Die Revolution muss aufhören und die Republik muss anfangen« (S. 7). Diese Republik will er auf den Grundlagen des bürgerlichen Liberalismus errichten. Camille ergänzt diese Ziele um die Sinnenfreude der griechischen Antike (Epikur) im Gegensatz zu Robespierres römisch inspirierten Tugendheroismus.

■ Dantonisten beim Spiel

■ Politisches Programm

Auf diese Aufforderung zum politischen Handeln reagiert Danton ausgesprochen skeptisch. Die Ideen seiner Freunde findet er weder sinnvoll noch realistisch, seine düstere Prophezeiung im Hinausgehen nimmt das Ende der Dantonisten bereits vorweg: »die

■ Skepsis Dantons

Statue der Freiheit ist noch nicht gegossen, der Ofen glüht, wir alle können uns noch die Finger dabei verbrennen« (S. 8).

### I,2 Vorstellung Robespierres in Kontakt mit dem einfachen Volk

In scharfem Kontrast zur ersten Szene wird gezeigt, wie der Souffleur Simon im Rausch auf offener Gasse seine Frau verprügelt, weil diese die Prostitution ihrer Tochter duldet, um die kleine Familie zu ernähren. Das Gespräch einiger beobachtender Passanten radikalisiert sich bis zur Forderung nach unmittelbarer Gewalt gegenüber allen sozial Bessergestellten. So drohen sie, einen jungen Mann, den sie aufgrund seines Taschentuchs für einen Aristokraten halten, zu lynchen; dieser kann sich aber mit einer sinnigen Bemerkung retten. Robespierre beschwichtigt, und das Volk folgt ihm zu den Jakobinern.

■ Robespierre beim Volk

### I,3 Robespierre im Jakobinerklub

Anlass der großen Rede Robespierres ist die Forderung von Jakobinern aus Lyon nach weiterer Radikalisierung der Revolution. Er verteidigt die Schreckensherrschaft im Namen der Tugend gegen deren Feinde von allen Seiten, womit auch die Dantonisten gemeint sind.

Abb. 1: Versammlung des Jakobinerklubs (Januar 1792).

### I,4 Gefahr für die Dantonisten

Lacroix wirft Legendre vor, durch sein ungeschicktes Verhalten im Jakobinerklub die Dantonisten gefährdet zu haben. Er hatte dort erklärt, dass es auch in Paris einen Personenkreis gebe, der den Aristokraten nacheifere, und so Robespierres Aufmerksamkeit und Argwohn auf Danton gelenkt. Sie suchen Danton, um ihn zu warnen.

### I,5 Danton und die Prostituierte Marion

■ Marion

In einem Zimmer des Palais Royal erzählt die Prostituierte Marion Danton ihre Lebensgeschichte und stellt sich dabei als äußerst selbstbewusste, ganzheitliche Persönlichkeit dar. Lacroix kommt in Begleitung von Adelaide und Rosalie, zwei weiteren Prostituierten, hinzu und warnt Danton – allerdings erst nach einigen scherzhaften Worten – vor der Gefahr des Tugendterrors Robespierres; der zuletzt hinzukommende Paris unterstreicht das. Danton wiegelt ab, verspricht aber gleichwohl, seinen Gegenspieler am nächsten Tag aufzusuchen.

### I,6 Danton bei Robespierre

Im Streitgespräch werden die gegensätzlichen Positionen ohne Ergebnis ausgetauscht: Danton tritt für Mäßigung und die Beendigung der *terreur*-Phase ein, während Robespierre die gewaltvolle Revolution fortsetzen möchte, um soziale Veränderungen durchzusetzen. Danton und Paris verlassen das Zimmer, um an die Öffentlichkeit zu gehen. In zwei, durch ein Gespräch mit dem ihn bestärkenden St. Just unterbrochenen Monologen beschließt Robespierre die Beseitigung Dantons, wobei jedoch Selbstzweifel und ein Gefühl der Isolation deutlich werden.

■ Zweifel bei Robespierre

## II Dantons Verhaftung

### II,1 Danton handelt nicht

Obwohl seine Freunde ihn zum sofortigen Handeln drängen und von Danton verlangen, Widerstand gegen Robespierre zu leisten, wiegelt dieser weiter nur gelangweilt ab: Die Gefahr sei gar nicht groß. Lacroix wirft ihm Faulheit vor.

### II,2 Danton auf der Straße im Kontakt mit dem Volk

Vertreter unterschiedlicher sozialer Schichten führen auf der Promenade Gespräche über den Alltag zur Zeit der Revolution. Danton kommt mit Camille zufällig hinzu. Dantons Bemerkungen changieren zwischen Obszönität und Melancholie.

■ Danton und das Volk

### II,3 Letzte Warnung

Während eines Gesprächs bei Camille und dessen Ehefrau Lucile über zeitgenössische Kunst wird Danton hinter der Bühne die Verhaftung angekündigt, falls er es ablehnen sollte zu fliehen. Er gibt sich zunächst unbeeindruckt und will spazieren gehen. Lucile macht sich nun Sorgen um Camille, der beschwichtigt aber: er sei mit Robespierre in freundschaftlichem Kontakt und somit nicht in Gefahr.

■ Kunstgespräch

### II,4 Flucht

■ Freies Feld

Bereits auf freiem Feld entschließt sich Danton im Monolog endgültig gegen eine Flucht, will den Tod als Möglichkeit des Vergessens gerne annehmen, aber beruhigt sich andererseits auch wieder erneut: »sie werden's nicht wagen« (S. 40).

### II,5 Erinnerung an die Septembermorde

Septembermorde

Danton steht nachts schlaflos am Fenster, gequält von Schuldgefühlen wegen des vom ihm verantworteten Mord an über 1000 Häftlingen (vornehmlich Aristokraten und Soldaten der Schweizer Garde) im September 1792. Julie kommt hinzu und beruhigt ihn; gemeinsam rechtfertigen sie das damalige Geschehen als alternativlos. In der Tat war Danton für den unerhörten Vorgang nicht alleine verantwortlich: der radikale Jean Paul Marat, der bereits einige Monate vor Einsetzen der Dramenhandlung am 13. Juli 1793 ermordet worden war, war ebenfalls beteiligt (vgl. S. 7, und v. a. S. 8 sowie Abb. 7). Danton vergleicht seine Handlungsmöglichkeiten resigniert mit denen einer Marionette.

### II,6 Verhaftung

Bevor einige Bürgersoldaten, an ihrer Spitze Simon, Danton verhaften, scherzen sie derb.

### II,7 Der Nationalkonvent

Rede Robespierres

Rede St. Justs

Tags darauf verhandelt der Nationalkonvent das weitere Schicksal der Dantonisten. Legendre beantragt die Schonung Dantons wegen seiner großen Verdienste um die Revolution. Nach kurzem, aber heftigem Wortwechsel unter den Deputierten weisen zunächst Robespierre, dann St. Just in großen Reden dies zurück, weil sie aus Gründen der Gleichheit jegliche Privilegien auch für die Revolutionäre der ersten Stunde ablehnen. Die Redner feiern den Revolutionsmythos, die Szene endet im Rausch der Begeisterung unter Absingen der Marseillaise.

## III Haft und Prozess

### III,1 Diskussion über Gottesbeweise im Gefängnis

Im zum Gefängnis umfunktionierten ehemaligen Schloss Luxemburg sitzen bereits einige Häftlinge unterschiedlicher politischer Couleur. Der Engländer und Aktivist im amerikanischen Bürgerkrieg Thomas Payne etwa ist Girondist, er versucht im Gespräch mit Chaumette, als erklärter Atheist den Hébertisten nahestehend, und Mercier philosophisch die Existenz Gottes zu widerlegen. Hérault-Séchelles umarmt Danton sofort, als dieser mit Lacroix, Camille und Philippeau hereingeführt wird. Danton betont, dass er von seiner Verhaftung überrascht wurde und gibt sich resigniert.

■ Atheismus

### III,2 Vorbereitung des Revolutionstribunals

Der Prozess gegen Danton wird in der Art eines Komplotts vorbereitet, indem die Geschworenen nicht, wie eigentlich vorgeschrieben, gelost, sondern ausgewählt werden, um Danton zu schaden. Ferner soll er in einer Gruppe neben anderen Kriminellen vor das Tribunal gebracht werden.

### III,3 Warten auf dem Prozess

Danton wartet mit Lacroix, Mercier und weiteren Häftlingen auf seinen Prozess. Danton konstatiert die Ironie der Geschichte, dass er selbst für die Einrichtung des Revolutionstribunals nach den Septembermorden verantwortlich war.

### III,4 Verhör vor dem Revolutionstribunal

■ Widersprüchliches Verhalten Dantons

Danton reagiert ambivalent auf sein Verfahren, das ihn der konterrevolutionären Konspiration bezichtigt. Ihm wird vorgeworfen, einen Ausgleich mit dem Königtum angestrebt zu haben. Einerseits kokettiert er mit einem ausgesprochenen Nihilismus, andererseits betont er seine großen Verdienste um die Revolution. Seine unkonventionelle Rede hat keinerlei Aussicht auf Erfolg. Der nichtsdestotrotz anschwellende Beifall veranlasst den Präsidenten des Tribunals, die Sitzung abzubrechen.

### III,5 Möglichkeit einer Wende

■ Verschwörung

Der Girondist Dillon plant im Gefängnis angetrunken die Befreiung der gemäßigten Kräfte und den Sturz des Wohlfahrtsausschusses, Laflotte, Mitgefangener und Zeuge, entschließt sich jedoch zum Verrat.

### III,6 Der Wohlfahrtsausschuss

■ St. Just drängt auf Beschleunigung

St. Just berichtet über ein weiteres Verhör Dantons, unzufrieden mit der Passivität Robespierres fordert er die rasche Beseitigung ihres Gegners. Als ihm der Befreiungsversuch Dillons bekannt wird, fordert er die Verschärfung und Beschleunigung des Verfahrens. In Abwesenheit von St. Just planen Barère, Billaud-Varenne und Collot d'Herbois, die sich als mindestens so lasterhaft wie die Dantonisten erweisen, die Beseitigung Robespierres. Allein zurückgeblieben, schlägt Barère abschließend jedoch selbstkritische Töne an.

### III,7 Warten auf den Tod

Lacroix, Danton, Philippeau und Camille sind sich ihres Endes sicher und tauschen ihre Gedanken über den nahenden Tod aus. Danton fürchtet vor allem, ohne Julie sterben zu müssen. Er ist nicht bereit zu sterben und gibt sich kämpferisch.

■ Gedanken an Julie

### III,8 Beschleunigung des Verfahrens

Die nun offiziell bekannten Verschwörungspläne Dillons beschleunigen das Verfahren erheblich, weil damit eine Sonderkommission des Tribunals überflüssig wird. Die Angeklagten müssen nicht angehört werden.

### III,9 Das letzte Verhör

In Unkenntnis über die Gefangenenverschwörung und die hiermit verbundenen Konsequenzen fordert Danton die Einberufung der Sonderkommission und greift seine Gegner scharf an, worauf dann allerdings die soeben nach Bekanntwerden der Pläne Dillons beschlossene verschärfte Prozessordnung dekretiert wird. Danton steigert darauf seine Angriffe noch weiter, das Publikum ist begeistert. Camille macht sich Sorgen um Lucile, die der Bestechung des Volkes beschuldigt wird.

### III,10 Urteil durch das Volk

Die Menge vor dem Justizpalast spricht sich anfangs ebenfalls für Danton aus. Hinweise auf den sozialen Aufstieg der Dantonisten seit der Revolution und ein Leben in Luxus bringen die Stimmung jedoch zum Kippen, alle fordern auf einmal den Kopf Dantons.

■ Stimmungsumschwung im Volk

## IV Tod

### IV,1 Zynismus der Guillotine

■ Im Schatten der Guillotine

Dumas, einer der Präsidenten des Revolutionstribunals, will selbstsüchtig seine Frau hinrichten lassen.

### IV,2 Julies Botschaft

Julie lässt Danton ihren Entschluss zum Selbstmord im Falle seines Todes ausrichten.

### IV,3 Die Nacht vor der Hinrichtung

Die Gefangenen tauschen ihre Gedanken und (Alp-) Träume vor dem sicheren Tod aus, Danton will das noch nicht ganz wahrhaben. Er und Camille denken an ihre Frauen Julie und Lucile.

### IV,4 Vor der Fahrt zur Guillotine

Vor dem Transport der Delinquenten scherzen die Fuhrleute derb. Lucile erscheint im Wahnsinn unter dem Fenster der Gefangenen, ihr Mann erkennt und ruft sie.

■ Luciles Wahnsinn

### IV,5 Letztes Gespräch der Dantonisten

Danton tröstet einen Freund im Gefängnis, Camille denkt vor allem an Lucile. Ein letztes Mal tauschen die Gefangenen ihre Gedanken zu ihrem Ende aus und formulieren noch einmal die erwarteten letzten Worte, die um den Sinn des Lebens und ihre geschichtliche Nachwirkung kreisen. Sie werden abgeholt.

### IV,6 Julies Selbstmord

Dantons Frau nimmt sich alleine in einem Zimmer mit Gift das Leben.

■ Julies Selbstmord

### IV,7 Die Hinrichtung

Eine Mutter drängelt sich mit ihrem Kind auf einen Platz mit guter Sicht; während das Volk tanzt und die Carmagnole, ein Revolutionslied, singen, stimmen die Gefangenen, die herangebracht werden, die Marseillaise an. Danton steigt als Letzter auf das Schafott; einen Versuch Héraults, ihn zu umarmen, verhindert der Henker.

■ Dantons Tod wird nicht gezeigt

### IV,8 Lucile auf der Straße

Lucile ist auf dem Weg zum Revolutionsplatz, denkt über den Tod nach und schreit laut. Zwei Frauen, die von der Hinrichtung kommen, machen ihr den Tod Camilles bewusst.

### IV,9 Luciles Selbstmord

■ Luciles Selbstmord

Lucile fordert mit der Parole »Es lebe der König!« (S. 84) im Angesicht der Guillotine ihre eigene Hinrichtung heraus.

# 3. Figuren

## Danton

Georg **Danton** ist nicht nur die Titelfigur, sondern auch eindeutig die zentrale Figur des Dramas. Er ist der Revolutionär, dessen geschichtliches Handeln von Büchner im Wesentlichen so geschildert wird, wie er es seinen Quellen entnehmen konnte. Inhaltlich steht er für Mäßigung und Aussöhnung der zahlreichen, oft gegensätzlichen politischen und sozialen Gruppierungen im Frankreich seiner Zeit, er selbst entstammt dem Kleinbürgertum. Der in der Pariser Bevölkerung beliebte Anwalt förderte mit seinen Schriften den Sturz der Monarchie und wurde anschließend Justizminister. In dieser Funktion war er an der Bildung des Revolutionstribunals beteiligt. Mit Desmoulins stand er an der Spitze der *indulgents* (»Gemäßigte«), wie die Dantonisten im Nationalkonvent und im Wohlfahrtsausschuss auch genannt wurden. Unter seiner Verantwortung kam es zum Gewaltexzess der Septembermorde 1792, im Jahr darauf begab er sich zunehmend in Opposition zur Politik der *terreur*.

■ Zentrale Figur Georg Danton

■ Werdegang

In der Dramenhandlung hat Danton jedoch seine aktive Zeit hinter sich. Er beobachtet und reflektiert viel, und wenn er handelt, reagiert er bloß. »Sieh« lautet bezeichnend sein erstes gesprochenes Wort, mit dem das Drama beginnt; er befindet sich mit seiner Frau »*etwas weiter weg*« (I,5; S. 5). Auf die Aufforderung zum Handeln durch seine Freunde angesichts

Abb. 2: Danton auf dem Weg zur Hinrichtung, 1794.
Rötelzeichnung von Pierre-Alexandre Wille

der Hinrichtung der Hébertisten antwortet er stereotyp mit der Konjugation des Hilfsverbs der Futurbildung: »Ich werde, du wirst, er wird« (I,1; S. 8). Als Philippeau ihn darauf etwas naiv zum politischen Engagement auffordert, betont Danton wieder die Distanz: »Das und dazwischen ist ein langes Wort, es hält uns ein wenig weit auseinander, die Strecke ist lang« (ebd.).

Distanz zum Geschehen

Danton hat den Glauben an die Wirksamkeit eines solchen Engagements verloren. Menschen vergleicht er mit Marionetten: »Puppen sind wir von unbekannten Gewalten am Draht gezogen; nichts, nichts wir selbst!« (II,5; S. 43). Dabei sieht er durchaus die Konsequenzen einer solchen Passivität, gerade in revolutionären Zeiten, aber gibt sich zumindest so, als ob er sie bereitwillig tragen wird: »ich will lieber guillotiniert werden, als guillotinieren lassen« (II,1; S. 32). Bei Äußerungen dieser Art ist jedoch stets mit einem gehörigen Anteil Ironie und Koketterie zu rechnen, worauf Lacroix hinweist: »Und glaubt kein Wort von dem was er gesagt hat. Nichts als Faulheit!« (II,1; S. 34).

Passivität

Gleichwohl bäumt sich der Revolutionär auch im Drama noch einmal auf, auch wenn seine Verteidigungsrede vor dem Revolutionstribunal (III,4) von allen Konventionen abweicht und keine Aussicht auf Erfolg hat. Auf die formale, aber auch lächerlich unsinnige Frage nach seinem Namen antwortet er pathetisch: »Die Revolution nennt meinen Namen. Meine Wohnung ist bald im Nichts und mein Namen im Pantheon der Geschichte« (III,4; S. 57). Im An-

Verteidigungsrede

schluss zählt er seine Verdienste um die Revolution auf und rechnet dazu selbst die Septembermorde: »Ich habe im September die junge Brut der Revolution mit den zerstückten Leibern der Aristokraten geätzt« (III,4; S. 58).

Nihilismus

An solchen Widersprüchlichkeiten wird bereits die Affinität des Büchner'schen Danton zum Nihilismus spürbar, menschliches Handeln wird für ihn buchstäblich sinnlos. Am deutlichsten wird dies in den Szenen des Wartens auf die Hinrichtung in den beiden letzten Akten. Hier wird das Leitmotiv der Ruhe wieder aufgegriffen, das bereits im ersten Auftritt anklang; dort verglich Danton Julies Schoß mit einem Grab und dieses mit der ersehnten Ruhe (I,1; S. 5 f.). Im Gefängnis wird dies dann deutlicher und radikaler: Die Ruhe sei im »Nichts«, und dieses »Nichts hat sich ermordet, die Schöpfung ist seine Wunde, wir sind seine Blutstropfen, die Welt ist das Grab worin es fault« (III,7; S. 67). Ist alles immer gleich sinnlos, fallen Gegensätze wie Geburt und Tod in eins: »Freilich, wir bekommen das Leichentuch zur Windel. Was wird das helfen? Wir können im Grab so gut wimmern, wie in der Wiege« (IV,3; S. 73).

Epikur

Dahinter steht Dantons und auch Büchners Verständnis des griechischen Philosophen Epikur (um 300 v. Chr.). Dieser sah in der Unerschütterlichkeit der Seele das höchste Ziel menschlicher Existenz; Furcht vor den Göttern oder gar vor dem Tode seien zu verachten. Auf dem Weg zu diesem Ziel seien Selbstbeherrschung und Mäßigung wichtige Hilfen.

Heute versteht man unter einem Epikuräer jedoch stark verkürzend einen reinen Genussmenschen. Für Griechen und Römer, für sinnenfreudige Sensualisten wie für strenge, auf Moral bedachte Idealisten gilt in Dantons Augen dasselbe: »Die einen waren so gut Epikureer wie die andern« (IV,5; S. 79). Ganz am Ende steht die radikal absurde Feststellung: »Die Welt ist das Chaos. Das Nichts ist der zu gebärende Weltgott …« (IV,5; S. 80).

Ruhe findet Danton in Ansätzen allenfalls in der innersten Privatsphäre, unter Frauen. Noch auf die Körperlichkeit reduziert gegenüber Marion: »Ich möchte ein Teil des Äthers sein, um dich in meiner Flut zu baden, um mich auf jeder Welle deines schönen Leibes zu brechen« (I,5; S. 21). Und schließlich in Gedanken an Julie: »O Julie! Wenn ich allein ginge! Wenn sie mich einsam ließe! Und wenn ich ganz zerfiele, mich ganz auflöste – ich wäre eine Handvoll gemarterten Staubes, jedes meiner Atome könnte nur Ruhe finden bei ihr. Ich kann nicht sterben, nein, ich kann nicht sterben« (III,7; S. 67).

■ Danton und die Frauen

## Die Dantonisten

Der engere Kreis der Dantonisten um die Hauptfigur besteht aus Camille, Hérault, Lacroix und Philippeau. Sie werden vom Gegner St. Just in einem Atemzug genannt (I,6; S. 28 f.) und sehen sich selbst als Gruppe, wie Lacroix Danton gegenüber klarmacht: »Dein Name! du bist ein Gemäßigter, ich bin einer, Camille,

Philippeau, Hérault« (I,5; S. 23). Im vierten Akt müssen sie gemeinsam auf ihre Hinrichtung warten. So erscheinen sie durchaus als eine einheitliche Gruppe, auch wenn im Einzelnen differenziert werden kann.

Begeisterung für die griechische Antike

**Camille** Desmoulins, der jüngste der genannten fünf, stammt wie Danton aus recht bescheidenen Verhältnissen. Wie kein Zweiter der Gruppe ist er fasziniert von den Idealen der griechischen Antike – ein scharfer Gegensatz zu Robespierre. Schönheit und Freiheit sind für ihn die Werte, für die es zu kämpfen lohnt. Anders als Danton sagt Camille Ja zum Leben. Das transparente Kleid einer attraktiven Frau wird zur Metapher für die politische Verfassung: »Die Staatsform muss ein durchsichtiges Gewand sein, das sich dicht an den Leib des Volkes schmiegt. […] Wir werden den Leuten, welche über die nackten Schultern der allerliebsten Sünderin Frankreich den Nonnenschleier werfen wollen, auf die Finger schlagen« (I,1; S. 7). Mit Blick auf die Kunst fordert er konsequenten Realismus: »Setzt die Leute aus dem Theater auf die Gasse: ach, die erbärmliche Wirklichkeit!« (II,3; S. 38). Noch im Angesicht der Guillotine drückt er dem Kutscher eine Münze in die Hand und zitiert damit die Mythologie der Alten: »Da alter Charon, dein Karren ist ein guter Präsentierteller« (IV,7; S. 81). Die private Szene II,3 bei ihm zu Hause zeigt sowohl die enge Freundschaft zu Danton als auch die zärtliche Liebe zu Lucile.

(Ehemaliger) Aristokrat

**Hérault** kommt aus dem Adel und galt als ausnehmend schön. Nach Danton wird er als Erster im Drama gezeigt, beim müßigen Kartenspiel; er wird noch vor den anderen Dantonisten verhaftet. Trotz dieser Merkmale, die ihn anscheinend von den übrigen Dantonisten distanzieren, ist er der Gruppe doch auch emotional eng verbunden, wenn er etwa im Gefängnis Camilles Arm nimmt (IV,5; S. 80). Er ist es auch, der Danton kurz vor der Enthauptung umarmen will: »Ach Danton, ich bringe nicht einmal einen Spaß mehr heraus« (IV,7; S. 82).

**Lacroix** ist scharfer Analyst. Kühl, realistisch und weitsichtig, vermag er schon zu Beginn der Dramenhandlung die politischen und sozialen Umstände einzuschätzen: »Die Sache ist einfach man hat die Atheisten und Ultrarevolutionärs aufs Schafott geschickt; aber dem Volk ist nicht geholfen es läuft noch barfuß in den Gassen und will sich aus Aristokratenleder Schule machen. Der Guillotinenthermometer darf nicht fallen, noch einige Grade und der Wohlfahrtsausschuss kann sich sein Bett auf dem Revolutionsplatz suchen« (I,4; S. 18). Kurz nach der Verhaftung wirft er Danton berechtigt seine Untätigkeit vor: »Und du hast nichts gesagt?« (III,1; S. 53). Lacroix steht besonders für den ausschweifenden Lebensstil, den Robespierre geißelt. Im ersten Akt etwa sucht er, begleitet von zwei Prostituierten, Danton auf und beschreibt diese ironisch: »Zwei barmherzige Schwestern, jede dient in einem Spital d. h. in ihrem eignen Körper« (I,5; S. 22).

Lebenslustiger Analytiker

**Philippeau** ist der Einzige der Dantonisten, der sich ausgesprochen religiös äußert. Von der Ruhe, die Danton so stark ersehnt und die er im Nichts sucht,

Glaube an Gott

sagt Philippeau: »Die ist in Gott« (III,7; S. 67). Sein ernsthafter Glaube an die Transzendenz wird im Gefängnis deutlich: »[...] man braucht gerade nicht hoch über der Erde zu stehen um von all dem wirren Schwanken und Flimmern nichts mehr zu sehen und die Augen von einigen großen, göttlichen Linien erfüllt zu haben. Es gibt ein Ohr, für welches, das Ineinanderschreien und der Zeter, die uns betäuben, ein Strom von Harmonien sind« (IV,5; S. 79). Auch Philippeau ist also durchaus deutlich von den anderen Dantonisten unterschieden – gleichwohl bilden sie während der ganzen Dramenhandlung eine geschlossene Gruppe. Ein konkretes politisches Programm allerdings sucht man vergeblich.

Zwei der Deputierten gehören nur im weiteren Sinne zu dieser von Büchner so fest gefügten Gruppe:

■ Ungeschickter Taktiker

**Legendre** fällt im Jakobinerklub (I,3) als etwas ungeschickter Taktiker auf, was ihm anschließend von Lacroix auch deutlich gemacht wird: »Was hast du gemacht Legendre, weißt du auch, wem du mit deinen Büsten den Kopf herunterwirfst?« (I,4; S. 18). Sein Antrag im Nationalkonvent, der Danton retten sollte, scheitert ebenfalls (II,7). Legendre entging der Hinrichtung, was das Drama aber nicht ausdrücklich zeigt, im Unterschied zu **Fabre**, der tatsächlich mit den Dantonisten guillotiniert wurde, was das Drama wiederum verschweigt. **Paris** zeigt ebenso wie der namenlose Gefangene in IV,5 Dantons Talent zur Freundschaft.

## Die übrigen Gefangenen

Payne und Mercier

Der englische Republikaner **Payne** und der aufklärerische, den Girondisten nahestehende Schriftsteller **Mercier** treten nur im Gefängnis auf, wo sie sich stark an dem mit der eigentlichen Dramenhandlung allenfalls lose verbundenen Gespräch über den Atheismus beteiligen. Payne will den Hébertisten **Chaumette**, der sich programmatisch nach dem griechischen Vorsokratiker Anaxagoras nennt und in der Vergangenheit wie fast kein Zweiter für den Kult der Vernunft stand, dem es vor dem Tod aber doch mulmig wird, »katechisieren« und die Nichtexistenz Gottes logisch erweisen. Der philosophisch unmögliche Versuch wirkt ironisch. »Es gibt keinen Gott [...]. Quod erat demonstrandum« (III,1; S. 50).

Chaumette – Atheist im Zweifel

Dillon und Laflotte

Der heruntergekommene englische General **Dillon** will sich mit seinen chancenlosen Umsturzplänen vor allem selbst retten: »Hätt ich nur den Fuß auf der Gasse. Ich werde mich nicht so schlachten lassen« (III,5; S. 60). Darauf beschleunigt allerdings der Verrat **Laflottes** im Namen der Tugend die Handlung dramatisch. »Der Schmerz ist die einzige Sünde und das Leiden ist das einzige Laster, ich werde tugendhaft bleiben. [...] Du kannst auf mich zählen General, wir werden aus dem Loch kommen, (*für sich im Hinausgehn*) um in ein anderes zu gehen, ich in das weiteste, die Welt, er in das engste, das Grab« (III,5; S. 61).

## Die Frauenfiguren

Wenige Frauenfiguren mit großer Bedeutung

Die wenigen Frauenfiguren im Drama tragen gleichwohl große Bedeutung, was schon an der äußeren Rahmung sichtbar wird. Sie treten fast ausschließlich auf Seiten der Dantonisten auf. Zudem hat Büchner bei ihnen für seine Verhältnisse ungewöhnlich viel im Vergleich mit den historischen Quellen geändert – das unterstreicht ihre Wichtigkeit für die Interpretation noch.

Dantons Stütze

**Julie** (eigentlich Sebastienne-Louise, die ihren Mann in der historischen Realität um Jahrzehnte überlebte) bietet Danton eine wirkliche Stütze, sein Bekenntnis »ich liebe dich« ist durchaus ernst zu nehmen, auch wenn der befremdliche Zusatz »wie das Grab« folgt (I,1; S. 5). In der Nacht der alptraumhaften Erinnerung an die Septembermorde steht sie ihrem Gatten zärtlich und fest bei, versucht, ihn zu beruhigen, auch wenn sie sich über den Erfolg nicht ganz sicher ist: »Ganz ruhig, lieb Herz?« (II,5; S. 43). Nicht wirklich realistisch lässt sie dem gefangenen Danton eine Botschaft durch einen »Knaben« überbringen (IV,2). Am Ende akzeptiert sie in stiller Größe das Schicksal Dantons und beendet ihr eigenes Leben: »Es ist so hübsch Abschied zu nehmen, ich habe die Türe nur noch hinter mir zuzuziehen. […] Ich gehe leise« (IV,6; S. 80 f.).

Ganzheitliche Sinnlichkeit und Liebe

Die Prostituierte **Marion** befindet sich gänzlich jenseits der Politik, sie steht für die Vision ganzheitlicher Sinnlichkeit und Liebe – taucht aber nach dem ersten Akt nicht mehr auf. »Die andern Leute haben

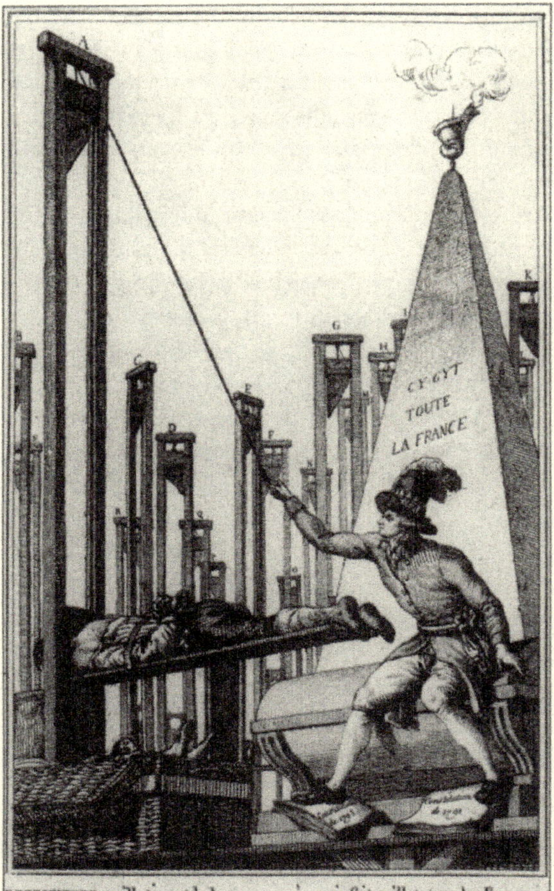


ROBESPIERRE, guillotinant le boureau après avoir fait guillot tous les Francais

Abb. 3: *Robespierre guillotiniert den Henker, nachdem er alle Franzosen guillotiniert hat.* Zeitgenössische Karikatur

Sonn- und Werktage, sie arbeiten sechs Tage und beten am siebenten, sie sind jedes Jahr auf ihren Geburtstag einmal gerührt und denken jedes Jahr auf Neujahr einmal nach. Ich begreife nichts davon. Ich kenne keinen Absatz, keine Veränderung. Ich bin immer nur eins« (I,5; S. 20).

Schwächer, aber gefühlvoller als Julie

Trotz einiger Gemeinsamkeiten mit Julie ist **Lucile** wesentlich schwächer, aber auch gefühlvoller gezeichnet; etwas träumerisch wird sie während des Kunstgesprächs bereits eingeführt: »[…] ich seh dich so gern sprechen« (II,3; S. 38). Auch sie versucht mit ihrem in Haft befindlichen Mann in Kontakt zu treten, doch zeigt ihr Verhalten deutliche Züge von Wahnsinn: »Höre Camille, du machst mich lachen mit dem langen Steinrock und der eisernen Maske vor dem Gesicht, kannst du dich nicht bücken?« (IV,4; S. 76). Hier wie ganz am Ende singt sie ein Volkslied. Ihr intensiver Abtritt, wieder bei Sinnen (»Ich will einmal nachdenken«, IV,8; S. 82), wird allen Theaterbesuchern im Gedächtnis bleiben. Im praktischen Leben vollzieht sie die Diskussion um die (Nicht-)Existenz Gottes der Männer im Gefängnis nach. »Es darf ja alles leben, alles, die kleine Mücke da, – der Vogel. Warum denn er nicht? Der Strom des Lebens müsste stocken, wenn nur der eine Tropfen verschüttet würde. Die Erde müsste eine Wunde bekommen von dem Streich. […] Das hilft nichts, […]. – Wir müssen's wohl leiden« (IV,8; S. 82 f.). Die Dissonanz der beiden letzten Repliken ist grell: »Es lebe der König!« / »Im Namen der Republik« (IV,8; S. 84).

## Robespierre

Wie kein Zweiter steht **Robespierre** für die Phase der *terreur* innerhalb der Französischen Revolution. Er ist Machtpolitiker, Demagoge, Tugendterrorist. Mit wenigen Worten vermag er die anfangs unkoordinierten Bürger auf der Straße zu Beginn des Dramas hinter sich zu bringen: »Armes, tugendhaftes Volk! Du tust deine Pflicht, du opferst deine Feinde. Volk du bist groß!« (I,2; S. 12). Analog dazu, aber in größerem Maßstab agiert er im Jakobinerklub gleich anschließend. Seine lange, rhetorisch äußerst versierte Grundsatzrede macht aus dem *»verwirrte[n] Geschrei«* (I,3; S. 14) davor einhellige Geschlossenheit: *»Allgemeiner Beifall«* (I,3; S. 17). Ausführlich begründet er die Wahl seiner Mittel mit seinen Zielen: »Die Waffe der Republik ist der Schrecken, die Kraft der Republik ist die Tugend. […] Der Schrecken ist ein Ausfluss der Tugend, er ist nichts anders als die schnelle, strenge und unbeugsame Gerechtigkeit. […] Die Revolutionsregierung ist der Despotismus der Freiheit gegen die Tyrannei« (I,3; S. 15 f.). Dennoch ist er nicht ohne Selbstzweifel, was sich vor allem in seinen Monologen zeigt. »Und wenn sie Recht hätten? Ist's denn so notwendig? Ja, ja! die Republik! Er muss weg« (I,6; S. 27). Seine Frage, »was in mir das andere belügt« (ebd.), könnte von Danton oder Büchner stammen. Wenn er also von der »Qual des Henkers« spricht, darf man ihm das abnehmen: »Sie gehen alle von mir – es ist alles wüst und leer – ich bin allein«

■ Tugendterrorist

■ Selbstzweifel

(I,6; S. 30). Zum Handeln muss er von St. Just gedrängt werden, als er noch zögert und zaudert: »Viel Umstände« (I,6; S. 28).

## St. Just

Kalte, unmenschliche Logik

Der Chefideologe der *terreur*, **St. Just**, kennt solche Selbstzweifel nicht. Er denkt und handelt nach kalter, naturwissenschaftlicher, letztlich unmenschlicher Logik: »Die Natur folgt ruhig und unwiderstehlich ihren Gesetzen, der Mensch wird vernichtet, wo er mit ihnen in Konflikt kommt. […] Soll eine Idee nicht ebenso gut wie ein Gesetz der Physik, vernichten dürfen, was sich ihr widersetzt?« (II,7; S. 47). Im Wohlfahrtsausschuss sorgt er später zielstrebig für die Beschleunigung des Verfahrens gegen die Dantonisten in seinem Sinne: »Sie müssen weg, um jeden Preis und sollten wir sie mit den eignen Händen erwürgen« (III,6; S. 62).

## Die weiteren Mitglieder des Wohlfahrtsausschusses

Keine geschlossene Gruppe

Schon Robespierre und St. Just unterscheiden sich deutlich voneinander, und auch die übrigen Anhänger des »Unbestechlichen« bilden keine geschlossene Gruppe wie die der Dantonisten. **Barère**, **Billaud** und **Collot** planen als Mitglieder des Wohlfahrtsausschusses sogar noch während der Dramenhandlung in einer Vorausdeutung der späteren historischen Ereignisse die Beseitigung Robespierres (III,6). Allein zurückgeblieben, spricht Barère denn auch Klartext: »Die Ungeheuer!« (III,6; S. 65).

## Die übrigen Funktionäre Robespierres

Die übrigen Funktionäre der Robespierre-Partei sind in ihrem politischen Handeln kaum selbständig, ihr Urteil über die Dantonisten steht früh fest. **Fourquier-Tinville**, der Chefankläger, arbeitet routiniert mit den Mitgliedern des Sicherheitsausschusses **Amar** und **Vouland** zusammen; das Papier, das sie dem Gericht schicken, um für die schnelle Beseitigung der Dantonisten zu sorgen (»mache, dass wir und sie die Sache vom Hals bekommen«, III,6; S. 68), bezeichnet St. Just selbst als »Märchen« (III,6; S. 63).

Kaum selbständiges politisches Handeln

**Hermans**, vorsitzender Richter im Prozess gegen die Dantonisten, schlägt dem Ankläger unverhohlen Betrug vor, was diesen überhaupt nicht überrascht. »Nur zu« (III,2; S. 55). Ebenso unverhohlen kündigt der zweite Gerichtspräsident **Dumas** die Ermordung seiner Ehefrau unter dem Deckmantel der Revolution an: »Das Revolutionstribunal wird unsere Ehescheidung aussprechen, die Guillotine wird uns von Tisch und Bett trennen« (IV,1; S. 71).

## Das Volk

Der Bürger reagiert immerhin angemessen auf Dumas' Mordkomplott: »Das ist entsetzlich« (S. 71). Die Pariser Bevölkerung, von Büchner durchaus realistisch und bisweilen spürbar mit Sympathie dargestellt, ist in sich sehr heterogen. Die immense materielle Not breiter Bevölkerungsteile in jenen Jahren wird zu Beginn deutlich, wenn Simons Frau die Prostitution ihrer Tochter verteidigt: »Wir arbeiten mit allen Gliedern warum denn nicht auch damit; ihre Mutter hat damit geschafft wie sie zur Welt kam und es hat ihr wehgetan, kann sie für ihre Mutter nicht auch damit schaffen, he? und tut's ihr auch weh dabei, he?« (I,2; S. 10). Die Distanz zu den Dantonisten, die bis dato als Gewinner der Revolution zu sehen sind, wird mehrfach deutlich, z. B. durch die Beobachtung: »Danton hat schöne Kleider, Danton hat ein schönes Haus, Danton hat eine schöne Frau, er badet sich in Burgunder, isst das Wildpret von silbernen Tellern und schläft bei euern Weibern und Töchtern, wenn er betrunken ist« (III,10; S. 70).

■ Realistisch und mit Sympathie dargestellt

Das Volk scheint aber auch äußerst leicht zu beeinflussen, bestes Beispiel hierfür ist der Umschlag von »es lebe Danton!« zu »Nieder mit Danton! Nieder mit dem Verräter!« (III,10; S. 70) auf einer Druckseite des Dramas. Definitiv hat das Volk noch kein proletarisches Klassenbewusstsein, was allenfalls in Ansätzen beim Dritten Bürger anklingen mag: »Sie haben kein Blut in den Adern, als was sie uns ausgesaugt haben«

■ Leicht zu beeinflussen

(I,2; S. 11). Die ganze Vielfalt des Bürgertums wird dem Zuschauer in II,2 vorgeführt – von Bettlern und Prostituierten wie Rosalie und Adelaide bis hin zu den selbstzufriedenen Herren, letztlich bis zu Danton.

# 4. Form und literarische Technik

Werk des Übergangs

In seiner äußeren Form erscheint *Dantons Tod* als ein Werk des Übergangs zwischen der Weimarer Klassik und dem Theaterschaffen der Moderne. Ungewöhnlich ist etwa die Einteilung in vier Akte – gängig waren zuvor entweder drei oder aber, am häufigsten, fünf Akte. Mit Blick auf die klassischen Vorbilder namentlich von Goethe und Schiller hat sogar die paradox anmutende Formulierung: »das ganze Drama ist fünfter Akt«[4] ihren Sinn, weil der Untergang der Dantonisten vom ersten Augenblick an unaufhaltsam ist und gerade Danton sich nicht ernsthaft dagegen wehrt: »Ich bin eine Reliquie und Reliquien wirft man auf die Gasse« (II,1; S. 31 f.).

Drama unaufführbar?

Selbst wohlwollende Zeitgenossen wie der Journalist und Förderer Büchners Karl Gutzkow (1811–1878) hielten das unkonventionelle Drama schlicht für unaufführbar (Kap. 8.1): »Wir werden hingerissen von diesem Inhalte, welcher mehr aus Begebenheiten als aus Thaten besteht, und erstaunen über die Wirkung, welche eine Aufführung dieser Art auf dem Theater machen müßte, eine Aufführung, die unmöglich ist, weil man Haydn's Schöpfung nicht auf der Drehorgel leiern kann.«[5] Erst recht waren die mitunter äußerst derbe Wortwahl und die mit dem heutigen Sampling

4 Hans Mayer, *Georg Büchner und seine Zeit*, Frankfurt a. M. 1972, S. 210.

5 Georg Büchner, *Dichtungen*, hrsg. von Georg Poschmann, Frankfurt a. M. 2006, S. 475.

in der populären Musik vergleichbare Montagetechnik zu ihrer Zeit revolutionär.

## Form – geschlossenes oder offenes Drama?

| **Idealtypische Formen des Dramas nach V. Klotz** | |
|---|---|
| **geschlossenes Drama** | **offenes Drama** |
| Einheit von Ort, Zeit und Handlung | mehrere Schauplätze, Zeitsprünge, Handlungsstränge |
| wenige Figuren | zahlreiche Figuren |
| Handlung »zeitlos« gültig | Handlung historisch bedingt |
| Stand der Figuren wird streng beachtet (Tragödie: hoher Stand, z. B. Adel; Komödie: niederer Stand, z. B. Bauern): Ständeklausel | Standesgrenzen werden oft durchbrochen |
| festgelegte stilistische Normen | keine festgelegten Sprachnormen |
| Handlung chronologisch und kausal verknüpft | kein »roter Faden« |
| Aufbau symmetrisch | Aufbau episodisch |
| Beispiel: Goethes *Torquato Tasso* | Beispiel: Büchners *Woyzeck* |

Offenes vs. geschlossenes Drama

Seit jeher unterscheidet die Dramentheorie zwischen offenen und geschlossenen Dramen – eine Sichtweise, die zwar leicht etwas schematisch wirkt, am Beispiel Georg Büchners aber sehr fruchtbar ist und im

Falle von *Dantons Tod* gut den Übergangscharakter des Werkes aufzeigt. Geschlossene Dramen (weitere typische Beispiele: Goethes *Iphigenie auf Tauris*, Schillers *Maria Stuart*) weisen hohe Einheitlichkeit im Hinblick auf Raum, Zeit (meist ein Tag) und Handlung auf, sie präsentieren einen »Ausschnitt als Ganzes«.[6] Offene Dramen weisen dagegen über sich hinaus, sind tendenziell fragmentarisch und bieten das »Ganze in Ausschnitten«.[7] Typische Beispiele sind *Frühlings Erwachen* von Frank Wedekind und *Baal* von Bertolt Brecht.

*Dantons Tod* weist einige Merkmale des geschlossenen Dramas auf. Die Handlung stellt klar Georg Danton in den Mittelpunkt, um ihn herum die recht homogene Gruppe der Dantonisten, die ihrem gewaltsamen Ende entgegengehen. Die dargestellte Zeit ist mit nicht einmal zwei Wochen überschaubar kurz, und die Szenen spielen alle in relativer Nähe im Paris der Revolutionsjahre. Die vier Akte sind zeitlich sehr einheitlich gebaut (nur der dritte Akt dauert länger als einen Tag, hier wird aber der Prozess gegen die Dantonisten als Ganzer dargestellt). Zudem sind sie auf unterschiedliche Weise miteinander verbunden, die Chronologie bleibt im Wesentlichen gewahrt.

■ Zeitgestaltung

6 Volker Klotz nach Peter M. Boenisch, *Formprinzipien der dramaturgischen Komposition*, in: *Handbuch Drama. Theorie, Analyse, Geschichte*, hrsg. von Petrer W. Marx, Stuttgart/Weimar 2012, S. 138.

7 Boenisch (s. Anm. 6).

| Akt/Szene | Zeitpunkt der Handlung |
|---|---|
| I,1 | unbestimmt, möglicherweise direkt vor I,2 |
| I,2–5 | aufeinanderfolgend, abends (28. März 1794) |
| I,6 | tags darauf (29. März 1794) |
| II,1–7 | aufeinanderfolgend, Dauer: ein Tag (30. März 1794) |
| III | direkt nach II,7, aufeinanderfolgend, drei Tage vor der Hinrichtung (1. bis 4. April) |
| IV | aufeinanderfolgend, Dauer: ein Tag (5. April) |

Daneben sprechen jedoch zahlreiche Beobachtungen für die offene Form von *Dantons Tod*. Auch wenn die Handlung mit Blick auf die Zeit recht einheitlich ist, wirkt sie wegen zahlreicher Brüche der Szenenabfolge außerordentlich vielseitig – mit den Bühnenmitteln des 19. Jahrhunderts wäre dies kaum umsetzbar gewesen. Schon der erste Szenenwechsel vom teuren Bordell der Dantonisten (I,1) zur Prügelszene auf der Gasse (I,2) könnte abrupter kaum sein. Im ersten Akt folgen dann noch der Jakobinerklub sowie das private Zimmer bei Robespierre, jeweils mit kontrastiven Unterbrechungen. Einige Szenen sind sogar in sich deutlich in mehrere Teile gegliedert, z. B. III,6: St. Just wird aus der Tagung des Wohlfahrtsausschusses gerufen, ein Schließer (Gefängniswärter) liefert einen Botenbericht, der zur eigentlichen Handlung nicht zwingend gehört; St. Just kommt zurück, verlässt aber

Scharfe Kontraste

die Szene noch vor den anderen; am Ende bleibt Barère allein im Raum.

Vielfalt der Figuren

Zur Vielfalt der Örtlichkeiten innerhalb von Paris gesellt sich die hohe Anzahl und die große Unterschiedlichkeit der *dramatis personae*: den nicht genannten »MÄNNER[N] und WEIBER[N] aus dem Volk, GRISETTEN, DEPUTIERTE[N], HENKER[N] etc.« (S. 3) vorangestellt, zählt das Personenverzeichnis nicht weniger als dreißig Figuren auf, die den unterschiedlichsten sozialen Schichten und politischen Strömungen angehören – stellenweise führt das Drama ein Kaleidoskop des revolutionären Paris vor (vgl. v. a. die Promenadenszene II,2). Bezeichnenderweise endet das Stück auch nicht mit Dantons Tod, sondern mit der Verhaftung Luciles, der Frau Camilles (S. 84).

Danton und Robespierre sind Getriebene

Trotz ihrer Vorhersehbarkeit läuft die Handlung also gerade nicht stringent auf ein Ziel zu, häufig genug scheint es, dass die tragenden Hauptfiguren Danton und Robespierre in ihrem Zögern ein solches aus den Augen verloren haben, zumindest aber, dass ihnen der Weg keinesfalls klar ist. Sie erscheinen eher als Getriebene. Will man sich festlegen, wird man *Dantons Tod* also eher als ein offenes Drama charakterisieren, das allerdings noch zahlreiche Elemente des geschlossenen Dramas enthält, was bei der Wahl des konkreten Stoffes innerhalb der Französischen Revolution auch nicht überrascht. Der Vergleich mit Büchners Drama *Woyzeck*, das oft als typisches Beispiel für ein offenes Drama herangezogen wird, führt dagegen eher in die Irre – gibt es doch von diesem Stück keine endgültige, vom Autor abgesegnete Gestalt. Es ist Fragment geblieben.

## Gattung – Tragödie oder Geschichtsdrama?

Büchner nannte sein Stück im Untertitel ein Drama. Betont man in der Deutung die Hauptfigur, und weist man deren Unmöglichkeit, in ihrem Rahmen anders zu handeln, und so die Folgerichtigkeit ihres Untergangs nach, so kann man jedoch durchaus von einer Tragödie sprechen. Der einflussreiche Literaturwissenschaftler Peter Szondi vertrat diese These: »Büchners Dichtung ist die Tragödie des Revolutionärs. Denn nicht als Märtyrer der Revolution stirbt Danton, er fällt ihr zum Opfer, vernichtet doch die Revolution selbst den Revolutionär, der zu verhindern sucht, daß sie sich in Tyrannei verkehre. […] ›Die Revolution ist wie Saturn, sie frißt ihre eigenen Kinder‹ sagt Danton. […] Hinzu kommt, daß der gemäßigte Danton stürzen muß, weil die radikalen Hébertisten hingerichtet wurden, was im Volk den Verdacht der Mäßigung erwecken könnte; so stirbt Danton, auch darin ein tragischer Held, für die Sache des Gegners mehr als für die seiner selbst.«[8]

■ Tragische Hauptfigur?

Die Deutung von *Dantons Tod* als Geschichtsdrama betont den Konflikt zwischen den zentralen Figu-

8 Peter Szondi, *Versuch über das Tragische,* in: Peter Szondi: *Schriften I,* hrsg. von Jean Bollack [u. a.], Frankfurt a. M. 1978, S. 254 f.

■ Konflikt unterschiedlicher Parteien?

ren und ihren Gruppierungen, wie er pointiert im Aufeinandertreffen von Danton und Robespierre in I,6 zur Anschauung gebracht wird. Beide gehen von derselben Grundannahme aus: dem Recht auf Notwehr. Jedoch gelangen sie zu gegensätzlichen Schlüssen. Dantons Gegenspieler beginnt: »Ich sage dir, wer mir in den Arm fällt, wenn ich das Schwert ziehe, ist mein Feind, seine Absicht tut nichts zur Sache [...].« Darauf Danton: »Wo die Notwehr aufhört fängt der Mord an [...]«. Und er weist sofort auf die Problematik dieser Grenzziehung hin: »*ich* [Hervorhebung, U. J.] sehe keinen Grund, der uns länger zum Töten zwänge«. Robespierre besteht auf der Unwandelbarkeit der Moral, die zur Fortführung der *terreur* zwingt. »Mein Gewissen ist rein«. Danton problematisiert: »Das Gewissen ist ein Spiegel vor dem ein Affe sich quält; jeder putzt sich wie er kann und geht auf seine eigne Art auf seinen Spaß dabei aus« (I, 6; S. 25). Die Fokussierung auf diesen Konflikt und nicht zuletzt die zahlreichen Zitate aus historischen Quellen (Kap. 5) legen eine Deutung von *Dantons Tod* als Geschichtsdrama nahe.

## Sprache und Stil

■ Sprachlich-stilistische Modernität verzögert Rezeption

Sprachlich und stilistisch sind die Schriften Georg Büchners, allen voran *Dantons Tod,* ihrer Zeit zweifellos weit voraus, was auch einen der Hauptgründe für dessen verzögerte Rezeption darstellt (Kap. 8). Dem Drama liegt in dieser Hinsicht auf zahlreichen Ebenen ein ungeschminkter Realismus zugrunde. Simon etwa wird in schlichter Syntax, inhaltlich aber durchaus drastisch, von seiner Frau beschimpft: »Du Judas, hättest du nur ein Paar Hosen hinaufzuziehen, wenn die jungen Herren die Hosen nicht bei ihr herunterließen? Du Branntweinfass, willst du verdursten, wenn das Brünnlein zu laufen aufhört, he?« (I,2; S. 10). Vergleichbar schlicht auch das Lied eines Bettlers: »Eine Handvoll Erde / Und ein wenig Moos … […] Ist auf dieser Erde / Einst mein letztes Los!« (II,2; S. 35).

Das Volk

Im Bereich der Privatsphäre der Dantonisten lassen sich eine sehr gefühlsbetonte Sprache beim Auftreten der Frauen von einem ironischen Jargon der Männer untereinander unterscheiden. Elliptisch, d. h. in unvollständigen Sätzen, und umgangssprachlich durchsetzt räsoniert Lucile über die Gefahr, in der ihr Mann sich befindet: »Wenn ich denke, dass sie dies Haupt! Mein Camille! das ist Unsinn, gelt, ich bin wahnsinnig?« (II,3; S. 39). Vergleichbar schlicht antwortet dieser dann mit Blick auf den Urheber der Gefahr, Robespierre: »Wir saßen auf einer Schulbank. Er war immer finster, und einsam. Ich allein suchte ihn auf und machte ihn zuweilen lachen. Er hat mir immer große Anhänglichkeit gezeigt. Ich gehe« (II,3; S. 39).

Die Dantonisten privat

Camille und Lucile

Im Gespräch mit Julie kann Danton ausgesprochen bildreich reden. »Wir wissen wenig voneinander. Wir sind Dickhäuter, wir strecken die Hände nacheinander aus aber es ist vergebliche Mühe, wir reiben nur das grobe Leder aneinander ab – wir sind sehr einsam« (I,1; S. 5). Julies Abschiedsmonolog ist poetisch dicht:

Danton und Julie

»Das Volk lief in den Gassen, jetzt ist alles still. [...] Die Sonne ist hinunter. Der Erde Zügel waren so scharf in ihrem Licht, doch jetzt ist ihr Gesicht so still und ernst wie einer Sterbenden. Wie schön das Abendlicht ihr um Stirn und Wangen spielt« (IV,6; S. 80).

Dantonisten unter sich: Anspielungen, Ironie

Untereinander verwenden die Dantonisten zahllose Anspielungen (das macht das Drama für unsere Zeit viel schwerer verständlich, als es noch für Zeitgenossen Büchners der Fall war!), fast immer schwingt zumindest leise Ironie mit. Belegen lässt sich dies z. B. am Wortwechsel zwischen Lacroix und Danton: »LACROIX. So höre doch, ein moderner Adonis wird nicht von einem Eber, sondern von Säuen zerrissen, er bekommt seine Wunde nicht am Schenkel sondern in den Leisten und aus seinem Blut sprießen nicht Rosen hervor, sondern schießen Quecksilberblüten an. DANTON. Fräulein Rosalie ist ein restaurierter Torso, woran nur die Hüften und Füße antik sind. Sie ist eine Magnetnadel, was der Pol Kopf abstößt, zieht der Pol Fuß an, die Mitte ist ein Äquator, wo jeder eine Sublimattaufe nötig hat, der zum ersten Mal die Linie passiert« (I,5; S. 22). Die Anspielungen beziehen sich häufig auf klassische Bildungsinhalte (Kap. 6.4.1), oft genug sind sie aber, wie im angeführten Beispiel, darüber hinaus witzig und bisweilen übertrieben frivol.

Rhetorik

Ganz anders wiederum die großen Reden, namentlich von Robespierre und St. Just. Klassisch auf ihre Wirkung beim Adressaten bedacht, handelt es sich dabei um ausgesprochene Kunstwerke der Rhetorik. Robespierre beginnt seine Rede im Jakobinerklub in der dritten Person Plural, er hämmert seinen Zuhörern die Parataxen – ein Stakkato von Hauptsätzen – regelrecht entgegen: »Wir warteten nur auf den Schrei des Unwillens, der von allen Seiten ertönt, um zu sprechen. Unsere Augen waren offen, wir sahen den Feind sich rüsten und sich erheben, aber wir haben das Lärmzeichen nicht gegeben, wir ließen das Volk sich selbst bewachen, es hat nicht geschlafen, es hat an die Waffen geschlagen. Wir ließen den Feind aus seinem Hinterhalt hervorbrechen, wir ließen ihn anrücken, jetzt steht er frei und ungedeckt in der Helle des Tages, jeder Streich wird ihn treffen, er ist tot, sobald ihr ihn erblickt habt« (I,3; S. 15).

Robespierre

Im Vergleich zu Robespierre sind die Reden St. Justs stärker argumentierend, von rhetorischen Fragen geprägt, und wirken wohl gerade deshalb noch kälter: »Die Schritte der Menschheit sind langsam, man kann sie nur nach Jahrhunderten zählen, hinter jedem erheben sich die Gräber von Generationen. Das Gelangen zu den einfachsten Erfindungen und Grundsätzen hat Millionen das Leben gekostet, die auf dem Wege starben. Ist es denn nicht einfach, dass zu einer Zeit, wo der Gang der Geschichte rascher ist, auch mehr Menschen außer Atem kommen? Wir schließen schnell und einfach: da alle unter gleichen Verhältnissen geschaffen werden, so sind alle gleich [...]. Moses führte sein Volk durch das Rote Meer und in die Wüste bis die alte verdorbne Generation sich

St. Just

aufgerieben hatte, eh er den neuen Staat gründete. Gesetzgeber! Wir haben weder das Rote Meer noch die Wüste aber wir haben den Krieg und die Guillotine« (II,7; S. 48).

# 5. Quellen und Kontexte

Das gesamte literarische Schaffen Georg Büchners steht im Schatten der großen Revolutionen in Frankreich – allen voran sein Drama *Dantons Tod*. Das Stück ist jedoch keinesfalls eine rein historische Auseinandersetzung mit der Französischen Revolution des 18. Jahrhunderts, einem Stoff der Vergangenheit. So war der junge Autor selbst an revolutionären Vorgängen seiner eigenen Zeit beteiligt, die wiederum als Reaktion auf die französische Juli-Revolution von 1830 zu verstehen sind. Büchner schreibt *Dantons Tod* als (gescheiterter) Sozialrevolutionär!

■ Revolutionen in Frankreich 1789 und 1830

## Juli-Revolution in Frankreich und ihre Auswirkungen – Die Zeit Büchners

**Zeittafel**

1803 25. Februar. Reichsdeputationshauptschluss: grundlegende Neuorganisation der deutschen Staaten nach der Niederlage gegen Napoleon.

1806 Juli. Gründung des Rheinbundes (von Frankreich abhängiges Bündnis deutscher Staaten). 6. August. Niederlegung der deutschen Kaiserkrone durch Franz II.

1813 Oktober. Völkerschlacht bei Leipzig.

1814/15 Wiener Kongress: Beginn der Restauration, mit der die vorrevolutionären Verhältnisse wiederhergestellt werden sollten.

| | |
|---|---|
| 1817 | 18. Oktober. Wartburgfest. |
| 1830 | Juli. Revolution in Frankreich. |
| | September. Unruhen in Deutschland. |
| 1831 | 5. Dezember. Niederschlagung des Aufstandes der Lyoner Seidenweber. |
| 1832 | 22. März. Goethe stirbt. |
| | Mai/Juni. Hambacher Fest als Höhepunkt der bürgerlichen liberalen und nationalen Demonstrationen. |
| | Juni. Republikanische Unruhen in Paris. |
| 1834 | 1. Januar. Deutscher Zollverein (von Preußen dominierte Zollunion deutscher Staaten). |
| | 31. Juli. Büchners sozialkritisches Pamphlet *Der Hessische Landbote* wird verteilt. |
| 1835 | 13. Juni. Büchner wird steckbrieflich gesucht. |
| | 11. Juli. *Dantons Tod* erscheint als Buch. |
| | 28. Juli. Der Attentatsversuch auf den französischen König Louis-Philippe I. hat strenge Gesetze gegen Oppositionelle zur Folge. |
| 1837 | 19. Februar. Büchner stirbt. |
| 1848 | 21. Februar. *Das Kommunistische Manifest* (Marx/Engels) erscheint in London. |
| 1848/49 | Aufstände und Revolutionen in vielen Ländern Europas. |

Innerhalb von nur drei Tagen – »les trois glorieuses«, vom 27. bis zum 29. Juli 1830 – beendeten Pariser Bürger großteils unter dem Banner des Liberalismus das restaurative Regime unter der bourbonischen Dynastie; nach dem Sturz Karls X. gab es keinen König von

Frankreich von Gottes Gnaden mehr – Louis-Philippe, der ›Bürgerkönig‹, Frankreichs letzter Monarch, wurde als »König der Franzosen« vor dem Parlament vereidigt. Dieses Ereignis wurde in ganz Europa von vielen Menschen als Signal dafür verstanden, dass die politischen Verhältnisse im weitesten Sinne gestaltbar waren.

Bürgerkönig Louis-Philippe

Eine Folge war die starke Politisierung breiter Bevölkerungskreise – auch um Büchner, der zu diesem Zeitpunkt 16-jähriger Schüler in Darmstadt war (Kap. 7), wo sich im selben Jahr 1830 auch noch ein Thronwechsel hin zum unpopulären Großherzog Ludwig II. vollzogen hatte.

Politisierung

Ein Jahr später begibt sich der Abiturient zum Medizin-Studium in das französische, aber noch seit seiner Zeit als Reichsstadt stark deutsch geprägte Straßburg und erlebt von dort aus, dass das neue Herrschaftssystem zwar politische Veränderungen zugunsten des Bürgertums brachte, jedoch keinerlei Linderung der sozialen Missstände.

Radikalisierung in Straßburg

Spätestens seit dieser Zeit darf man Büchner als radikalen Republikaner bezeichnen, der eine gewaltsame soziale Revolution auch und gerade in Deutschland befürwortet – etwa im Brief an die Familie vom April 1833: »Meine Meinung ist die: Wenn in unserer Zeit etwas helfen soll, so ist es Gewalt.«[9] Die revolutionäre Flugschrift *Der Hessische Landbote* (1834;

Scheitern des *Hessischen Landboten*

9 Büchner (s. Anm. 1), S. 278.

# Der Hessische Landbote.

## Erste Botschaft.

Darmstadt, im Juli 1834.

### Vorbericht.

Dieses Blatt soll dem hessischen Lande die Wahrheit melden, aber wer die Wahrheit sagt, wird gehenkt, ja sogar der, welcher die Wahrheit liest, wird durch meineidige Richter vielleicht gestraft. Darum haben die, welchen dies Blatt zukommt, folgendes zu beobachten:

1) Sie müssen das Blatt sorgfältig außerhalb ihres Hauses vor der Polizei verwahren;
2) sie dürfen es nur an treue Freunde mittheilen;
3) denen, welchen sie nicht trauen, wie sich selbst, dürfen sie es nur heimlich hinlegen;
4) würde das Blatt dennoch bei Einem gefunden, der es gelesen hat, so muß er gestehen, daß er es eben dem Kreisrath habe bringen wollen;
5) wer das Blatt nicht gelesen hat, wenn man es bei ihm findet, der ist natürlich ohne Schuld.

---

Friede den Hütten! Krieg den Pallästen!

Im Jahr 1834 siehet es aus, als würde die Bibel Lügen gestraft. Es sieht aus, als hätte Gott die Bauern und Handwerker am 5ten Tage, und die Fürsten und Vornehmen am 6ten gemacht, und als hätte der Herr zu diesen gesagt: Herrschet über alles Gethier, das auf Erden kriecht, und hätte die Bauern und Bürger zum Gewürm gezählt. Das Leben der Vornehmen ist ein langer Sonntag, sie wohnen in schönen Häusern, sie tragen zierliche Kleider, sie haben feiste Gesichter und reden eine eigne Sprache; das Volk aber liegt vor ihnen wie Dünger auf dem Acker. Der Bauer geht hinter dem Pflug, der Vornehme aber geht hinter ihm und dem Pflug und treibt ihn mit den Ochsen am Pflug, er nimmt das Korn und läßt ihm die Stoppeln. Das Leben des Bauern ist ein langer Werktag; Fremde verzehren seine Aecker vor seinen Augen, sein Leib ist eine Schwiele, sein Schweiß ist das Salz auf dem Tische des Vornehmen.

Im Großherzogthum Hessen sind 718,373 Einwohner, die geben an den Staat jährlich an 6,363,364 Gulden, als

| | | |
|---|---|---|
| 1) Direkte Steuern | 2,128,131 | fl. |
| 2) Indirecte Steuern | 2,478,264 | „ |
| 3) Domänen | 1,547,394 | „ |
| 4) Regalien | 46,938 | „ |
| 5) Geldstrafen | 98,511 | „ |
| 6) Verschiedene Quellen | 64,198 | „ |
| | 6,363,363 | fl. |

Dies Geld ist der Blutzehnte, der von dem Leib des Volkes genommen wird. An 700,000 Menschen schwitzen, stöhnen und hungern dafür. Im Namen des Staates wird es erpreßt, die Presser berufen sich auf die Regierung und die Regierung sagt, das sey nöthig die Ordnung im Staat zu erhalten. Was ist denn nun das für gewaltiges Ding: der Staat? Wohnt eine Anzahl Menschen in einem Land und es sind Verordnungen oder Gesetze vorhanden, nach denen jeder sich richten muß, so sagt man, sie bilden einen Staat. Der Staat also sind Alle; die Ordner im Staate sind die Gesetze, durch welche das Wohl Aller gesichert wird, und die aus dem Wohl Aller hervorgehen sollen. — Seht nun, was man in dem Großherzogthum aus dem Staat gemacht hat; seht was es heißt: die Ordnung im Staate erhalten!

Abb. 4: Der Hessische Landbote, erste Seite der Juli-Fassung

Kap. 7) ist die Konsequenz des Intellektuellen aus dieser Erkenntnis.

Nach dem Scheitern dieses Agitationsversuchs vertieft sich Büchner nicht nur in die Quellen zur Französischen Revolution (Kap. 5.2), sondern auch in die aktuelle Publizistik. So hat er nachweislich Heinrich Heines *Zur Geschichte der Religion und Philosophie in Deutschland* (im Januar 1835 erschienen) nicht nur zeitnah rezipiert, sondern auch noch in das fast fertige Manuskript von *Dantons Tod* eingearbeitet.

Henrich Heine

Büchner verdankt Heine die klare Entgegensetzung der Positionen Robespierres und Dantons (Kap. 4,2), die Heine mit den Begriffen ›Spiritualismus‹ (Robespierre) und ›Sensualismus‹ (ursprünglich von Voltaire vertreten, die Position Dantons) markiert: »Ich gebrauche [die Begriffe Spiritualismus und Sensualismus] […] zur Bezeichnung jener beiden verschiedenen Denkweisen, wovon die eine den Geist dadurch verherrlichen will, daß sie die Materie zu zerstören strebt, während die andere die natürlichen Rechte der Materie gegen die Usurpationen des Geistes zu vindizieren sucht.«[10] Heine wie auch Büchner und dessen Danton wollen somit die in ihren Augen in der europäischen Geschichte allzu lange verpönte Körperlichkeit wieder zur Geltung kommen lassen.

Spiritualismus und Sensualismus

Das Gespräch der Dantonisten in I,1 ist von folgender Passage aus Heines Schrift beeinflusst:

Einfluss auf *Dantons Tod*

10 Heinrich Heine, *Zur Geschichte der Religion und Philosophie in Deutschland*, hrsg. von Jürgen Ferner, Stuttgart 1997, S. 28.

»Wir kämpfen nicht für die Menschenrechte des Volkes, sondern für die Gottesrechte des Menschen. Hierin, und in noch manchen anderen Dingen, unterscheiden wir uns von den Männern der Revolution. Wir wollen keine Sansculotten sein, keine frugale Bürger, keine wohlfeile Präsidenten: wir stiften eine Demokratie gleichherrlicher, gleichheiliger, gleichbeseligter Götter. Ihr verlangt einfache Trachten, enthaltsame Sitten und ungewürzte Genüsse; wir hingegen verlangen Nektar und Ambrosia, Purpurmäntel und kostbare Wohlgerüche, Wollust und Pracht, lachenden Nymphentanz, Musik und Komödien. – Seid deshalb nicht ungehalten, Ihr tugendhaften Republikaner! Auf eure zensorische Vorwürfe entgegnen wir Euch, was schon ein Narr des Shakespeare sagte: Meinst du, weil du tugendhaft bist, solle es auf dieser Erde keine angenehmen Torten und keinen süßen Sekt mehr geben? [...] Wir sind frei und wollen keines donnernden Tyrannen. Wir sind mündig und bedürfen keiner väterlichen Vorsorge. Auch sind wir keine Machwerke eines großen Mechanikus. Der Deismus ist eine Religion für Knechte, für Kinder, für Genfer, für Uhrmacher.«[11]

11 Heine (s. Anm. 10), S. 68 f.

## Die Französische Revolution – Die Zeit Dantons

### Zeittafel

1788 8. August. Einberufung der Generalstände durch den absolutistischen König Ludwig XVI. als Reaktion auf die Finanzkrise.

1789 5. Mai. Eröffnungssitzung der Generalstände.

17. Juni. Die Abgeordneten des Dritten Standes erklären sich zur Nationalversammlung.

20. Juni. Ballhausschwur: Verfassungsgebungsprozess.

14. Juli. Sturm auf die Bastille (II,7, S. 48); im Juli Bauernunruhen.

4. August. Verzicht des Adels auf Privilegien.

26. August. Erklärung der Menschen- und Bürgerrechte.

6. Oktober. Erste Sitzung des nachmaligen Jakobinerklubs im gleichnamigen Pariser Kloster.

1790 14. Juli. Gedenkfeier zum Jahrestag des Sturmes auf die Bastille auf dem Marsfeld; Solidaritätsfest in Hamburg.

1791 20. bis 22. Juni. Flucht und Festnahme Ludwigs XVI.

17. Juli. »Massaker auf dem Marsfeld«: Die Nationalgarde eröffnet das Feuer auf antimonarchistische Demonstranten (III,4, S. 58).

3. September. Bekanntgabe der Verfassung.

1792 Februar. Thomas Paines Streitschrift *Rights of Man* erscheint, in der er die Französische Revolution verteidigt.

20. April. Kriegserklärung an das Heilige Römische Reich deutscher Nation.
11. Juli. Die Nationalversammlung erklärt den Notstand.
10. August. Einnahme der Tuilerien (II,7, S. 48).
11. August. Danton wird Justizminister.
17. August. Bildung eines außerordentlichen politischen Strafgerichtshofs.
2.–5. September. Septembermorde (II,5).
6. September. Wahl Dantons und Robespierres in den Konvent.
20. September. Kanonade von Valmy.
21. September. Abschaffung der Monarchie.
17. Oktober. Bildung des Sicherheitsausschusses.
23. Oktober. Gründung des Jakobinerklubs in Mainz.
10. Dezember. Anklageschrift gegen Ludwig XVI.

1793 21. Januar. Hinrichtung Ludwigs (III,4, S. 58).
10. März. Einführung des Revolutionstribunals.
11. März. Beginn des Vendée-Krieges.
6. April. Bildung des Wohlfahrtsausschusses.
13. April. Anklage gegen Marat (Freispruch 24. April, Ermordung 13. Juli).
26. Mai. Robespierre ruft im Jakobinerklub das Volk zum Aufstand auf.
29. Mai. Sturz der jakobinischen Stadtregierung von Lyon (I,3).
31. Mai – 2. Juni. Aufstand der Sansculotten bewirkt Sturz der Girondisten (II,7, S. 48).
6. Juni. Antijakobinische Aufstände.

Abb. 5: Prominente Abgeordnete der Bergpartei im Nationalkonvent; von links oben nach rechts unten: Danton, Marat, Camille Desmoulins, Collot d'Herbois, Hébert, Hanriot, Robespierre, Couthon, Saint-Just, Robespierre d. J., Pétion. Zeitgenössischer Stich

10. August. Proklamation der Verfassung.
30. August. Forderung des Jakobinerklubs, den »Schrecken auf die Tagesordnung zu setzen« (I,5, S. 22).
12. Oktober. Dekret über Vergeltungsmaßnahmen gegen Lyon (I,3, S. 13).
Oktober. Hinrichtung von girondistischen Abgeordneten nach kurzem Prozess (I,2, S. 11).

1794 7. Januar. Auseinandersetzung zwischen Desmoulins und Robespierre.
12. Februar. Beginn der Offensive des Cordeliersklubs gegen Robespierre.
13. März. Verhaftung Héberts und anderer (I,1).
15. März. Verhaftung Héraults.
18. März. Verhaftung Chaumettes.
21. März. Letztes Gespräch Dantons mit Robespierre (I,6).
21.–24. März. Hebertistenprozess (II,1, S. 31).
29. März. Beschluss im Wohlfahrts- und Sicherheitsausschuss zur Verhaftung der gemäßigten Abgeordneten (I,6).
30./31 März. Verhaftung von Danton, Desmoulins, Philippeau, Lacroix und anderen (II,6).
1. April. Verlegung der Dantonisten in die Conciergerie (III,7).
2.–4. April. Prozess (z. B. III,4).
5. April. Ausschluss vom Prozess, Urteil, Hinrichtung (III,9, IV,7).
10.–13. April. Prozess gegen die mutmaßlichen Verschwörer im Luxembourg-Gefängnis (III,5).

22. Mai. Attentat auf Robespierre.

27.–30. Juli. »Thermidorumsturz« – u. a. Hinrichtung Robespierres; Schließung des Jakobinerklubs am 11. November.

1795 8. März. Rückberufung der Girondisten in den Konvent.

März bis Mai. Juristische Aufarbeitung des Dantonistenprozesses; Hungeraufstände in Paris.

1796 10. April. Italien-Feldzug Napoleon Bonapartes.

1799 9./10. November. Staatsstreich Napoleons.

Büchner war schon von seinem Elternhaus her mit der Geschichte der Französischen Revolution vertraut. Für *Dantons Tod* betrieb er gründliche Quellenstudien und zitierte das Material im Drama häufig wörtlich. Ein gutes – deutschsprachiges – Beispiel sind seine Übernahmen aus dem populären mehrbändigen Werk Johann Konrad Friedrichs *Geschichte Unserer Zeit* (1826–31), das zur Lieblingslektüre von Büchners Vater gehörte.[12]

Quellenstudien

Der folgende Textauszug verdeutlicht, wie intensiv Büchner in *Dantons Tod* mit seinen Quellen gearbeitet hat. Um die Übernahmen, die sich in I,3 und III,6 finden, auf einen Blick zu veranschaulichen, sind die wörtlichen Übereinstimmungen halbfett und unterstrichen, die sinngemäßen nur unterstrichen markiert:

12 Vgl. hierzu ausführlich: Gerald Funk, *Georg Büchner: Dantons Tod. Erläuterungen und Dokumente*, Stuttgart 2002, S. 139–150.

»Ist die Triebfeder der Volksregierung im Frieden die Tugend, so ist die Triebfeder der Volksregierung in einer Revolution zugleich die Tugend und der Schrecken: die Tugend, weil ohne sie der Schrecken verderblich, der Schrecken, weil ohne denselben die Tugend ohnmächtig ist. Der Schrecken ist nichts anders, als die schnelle, strenge und unbeugsame Gerechtigkeit, es ist also ein Ausfluß der Tugend […]. Man sagt, der Schrecken sey eine Triebfeder der despotischen Regierung. Die unsrige gliche also dem Despotismus? Freilich, aber so wie das Schwert in den Händen eines Freiheitshelden einem Säbel gleicht, womit der Satellit der Tyrannei bewaffnet ist. Regiere der Despot seine thierähnlichen Unterthanen durch den Schrecken: er hat Recht als Despot. Beherrscht durch den Schrecken der Feinde der Freiheit, und ihr habt als Stifter der Republik nicht minder Recht. Die Revolutionsregierung ist der Despotismus der Freiheit gegen die Tyrannei.

Wer das Laster nicht haßt, kann die Tugend nicht lieben; dieß bringt die menschliche Natur mit sich. Folglich muß das eine oder die andere unterliegen. Erbarmen mit den Royalisten! rufen gewisse Leute. Erbarmen mit Bösewichtern? Nein! Gnade gegen die Unschuld, Gnade gegen die Schwachen, Gnade gegen die Unglücklichen, Gnade gegen die Menschheit! Nur den friedlichen Bürgern gebührt von Seiten der Gesellschaft

**Schutz. In einer Republik sind nur die Republikaner Bürger, Royalisten und Fremde sind Feinde.**

Johann Konrad Friedrich: Die Geschichte unserer Zeit. Bd. 12. Stuttgart 1830. S. 34–41. Zit. nach: Gerald Funk: Georg Büchner: Dantons Tod. Erläuterungen und Dokumente, Stuttgart 2002, S. 145 f.

# 6. Interpretationsansätze

Zahlreiche Interpretationsmöglichkeiten

Die Interpretation von *Dantons Tod* gehört auch unter Fachleuten zu den schwierigsten und umstrittensten Themen überhaupt, beinahe 200 Jahre nach der Entstehung ist kein Konsens in Sicht. Das legt den Verdacht nahe, dass es das Stück selbst sein muss, das sich gegen eine einsinnige Deutung sperrt. So kann es erst recht für nicht-professionelle Leser/-innen allenfalls darum gehen, die Funktionsweise der dramatischen ›Versuchsanordnung‹ in Ansätzen nachzuvollziehen und sich dann selbst, wie vom Autor Büchner in einem Brief an seine Familie ja auch gewünscht (Kap. 1), eine Meinung zu bilden. Dabei kann es nach und neben der gründlichen Lektüre des Textes selbst ungemein hilfreich sein, bereits vorhandene Interpretationen nachzuvollziehen, die sich entweder als besonders wirkungsvoll erwiesen haben oder die durch ihre Originalität einen neuen Blick ermöglichen. Das folgende Kapitel versucht, dazu einzuladen.

Drei grundsätzlich verschiedene Deutungsmöglichkeiten

Es werden nachfolgend drei Gesamtdeutungen des Dramas vorgeführt, die sich bei aller Unterschiedlichkeit auch ergänzen: In den 1930er Jahren wurde erbittert um die angemessene ideologische Grundlage gestritten, auf der *Dantons Tod* zu betrachten ist; zwei antagonistische Beispiele werden dargestellt (Kap. 6.1 und 6.2). Nach dem Zweiten Weltkrieg und erst recht mit Ende des Ost-West-Konfliktes wurden Ideologien verdächtig – und genau diese Sicht zeichnet die dritte vorzustellende Deutung aus (Kap. 6.3).

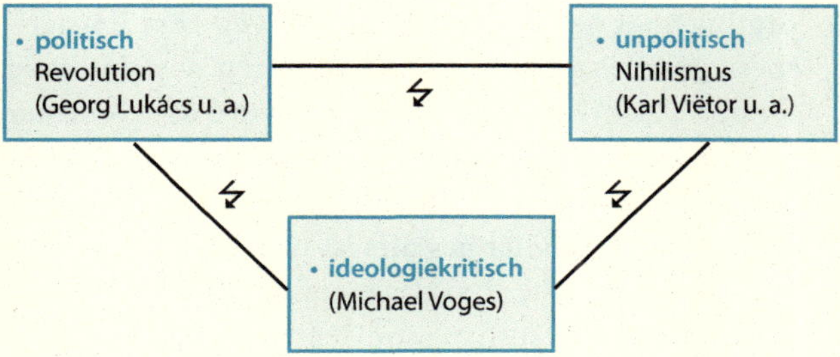


Abb. 6: Schematische Darstellung der grundlegenden Deutungsmöglichkeiten

Im Anschluss an die Darstellung dieser Gesamtdeutungen werden vier Interpretationsansätze vorgeführt, die sich auf Aspekte beziehen, die scheinbar eher am Rand des Stückes eine Rolle spielen, die aber (gerade deshalb?) einigen Erkenntnisgewinn versprechen (Kap. 6.4).

Vier Einzelaspekte

## »Pessimismus«? – Karl Viëtor

1934 schlug der Literaturwissenschaftler Karl Viëtor (1892–1951) eine Lesart vor, die sich – zumindest auf den ersten Blick – gänzlich dem das Stück dominierenden Thema revolutionärer Politik entzieht.[13] Er ging davon aus, dass der politische Revolutionär Ge-

13 Karl Viëtor, *Die Tragödie des heldischen Pessimismus. Über Büchners ›Dantons Tod‹*, in: *Deutsche Vierteljahresschrift* 12 (1934), S. 173–209. [Die Ausführungen in diesem Kapitel haben diesen Aufsatz zur Grundlage.]

org Büchner gerade nachdem und weil sein Engagement gescheitert war, ein vollkommen unpolitisches Drama geschrieben habe. Im Titel wird die Deutung bereits komprimiert zusammengefasst: »Die Tragödie des heldischen Pessimismus«. Mit der Inanspruchnahme des Tragödienbegriffs ist nämlich bereits zum Ausdruck gebracht, dass das hier tragisch verstandene Schicksal der Hauptfigur im Zentrum des Interesses steht (und damit weniger der Konflikt zweier Alternativen; Kap. 4.2); der ›Pessimismus‹ weist auf die angeblich durch das Stück transportierte Weltanschauung hin, die Viëtor später noch metaphysisch überhöht; der Begriff ›Held‹ ist heute noch wertend, und war es im Deutschland Mitte der dreißiger Jahre erst recht.

Die »Tragödie des heldischen Pessimismus«

»Dies Drama hat keine aktivistische Tendenz; es verherrlicht nicht die Französische Revolution und überhaupt keine Revolution. Es meint nicht den Zeitgenossen im Menschen sondern den Menschen im Zeitgenossen; ist nicht unmittelbar an den Willen gerichtet, sondern an die tiefern Schichten in uns, an den religiösen Sinn, das deutende Schauen, das Schicksalsgefühl. ›Dantons Tod‹ ist so untendenziöse, reine Dichtung, die auf ein Überzeitliches, ein allgemein Gültiges zielt, wie ›Wallensteins Tod‹ und ›Maria Stuart‹, ›Egmont‹ und ›Tasso‹, ›Penthesilea‹ und ›Prinz Friedrich von Homburg‹, ›Gyges‹ oder ›Herodes und Marianne‹. Ist es darin, daß es keine auf ein bestimmtes Ziel gerichtete Gesinnung und Tat empfiehlt oder bekämpft, daß es nicht den Zeitgenossen

Eine »religiöse Wahrheit« als Botschaft des Stückes

herausfordert und keine Gegenwart erörtert; sondern hindeutet auf etwas, worauf reine Dichtung immer deutet und das die Zeitgenossen hoher Kulturen ›ewig‹ zu nennen pflegen. Indem der Dichter die Geschichte vergegenwärtigt und wiederholt, schimmert durch die Hülle ihrer vorgestellten Wirklichkeit eine Wahrheit, etwas, was nicht die Begebenheit selbst ist, sondern sich an ihr, in ihr offenbart. Eine große, religiöse Wahrheit aufzuzeigen, ist Büchners dichterisches Anliegen.«[14]

Viëtor will also dem Revolutionsdrama des Revolutionärs die Revolution absprechen. Voraussetzung dafür ist natürlich, dass er eine scharfe Grenze zwischen dem Autor und seinem Werk zieht, wie es ja auch noch heute in Schule und Universität mit Recht gang und gäbe ist. Zunächst wird die Deutung mit der Stoffauswahl begründet: »ein geschichtlicher Stoff, der ungeeigneter dazu ist [die Revolution oder revolutionäres Menschentum zu verherrlichen] als der hier gewählte, wäre schwer zu finden.« Der politisch Engagierte erscheint in Viëtors Sicht in erster Linie nicht in Auseinandersetzung mit anderen, politischen Kräften, sondern auf sich allein gestellt als Werkzeug höherer Mächte. Dantons Replik vor dem Revolutionstribunal ist dem Aufsatz als Motto vorangestellt: »Das Schicksal führt uns die Arme, aber nur gewaltige Naturen sind seine Organe« (III,4; S. 58).

■ Stoffauswahl

Zentral für die Argumentation ist dabei die Tatsa-

14 Viëtor (s. Anm. 13), S. 174.

Dantons Passivität

Büchners Umgang mit seinen Quellen

che, dass Dantons Passivität von Büchner nicht erfunden, sondern den Quellen entnommen wurde. So steht z. B. die wiederholte, beschwichtigende Aussage »sie werden's nicht wagen« (II,1; S. 33 / II,4; S. 40) in der Tat bereits in Büchners extensiv exzerpierter Vorlage, der großen Revolutionsgeschichte von Louis Adolphe Thiers (erschienen 1823–27): »et se répétait: Ils n'oseron pas«.[15] »Was Büchner hinzuerfunden hat: daß Danton die Kämpferhaltung schließlich langweilig geworden sei; daß er nicht ›so ein armseliges Instrument‹ sein wollte, ›auf dem eine Saite immer nur einen Ton angibt‹ [32,6 ff.]; daß er sich's »bequem machen« [32,9 f.] wollte; daß das ewige Morden ›der Fluch unserer Zeit‹ [56,14] sei; daß seine Freunde auf seine ›Faulheit‹ [34,4] schimpfen und meinten, er werde schließlich wohl wieder handeln, ›aber bloß zum Zeitvertreib, wie man Schach spielt‹ [9,3 f.] – alle diese neuen Prägungen und Motive verstärken nur die überlieferten Züge von Dantons Bild, geben ihnen mehr Farbe, aber sie verändern sie in keiner wichtigen Hinsicht.«[16]

Epikur

»Das Gleiche gilt auch für Dantons Epikuräismus. Auch dieser Zug ist nicht von Büchner hinzuerfunden, sondern aus der Geschichte übernommen. Aber weder die Geschichtsschreiber noch Büchner haben das Genießertum des Revolutionärs gleichgesetzt mit

15 Georg Büchner, *Danton's Tod*, Marburger Ausgabe, Bd. 3, Tl. 3, bearb. von Burghard Dedner [u. a.], Darmstadt 2000, S. 65.

16 Viëtor (s. Anm. 13), S. 178.

dem der Aristokraten des alten Feudalismus. Wenn er ein verfeinerter Genußmensch war, und darum dem Volk verdächtig gemacht werden konnte (man vergleiche die Unterhaltung darüber in der 5. Szene des 1. Aktes), so kommt dies Bedürfnis bei ihm aus ganz andern Quellen, als bei den Schmarotzern des gestürzten Regimes.«[17]

Pessimismus

Der Pessimismus des Stückes, die »Ratlosigkeit«, ja die »Verzweiflung« Dantons wird mit einschlägigen Zitaten belegt: »Wir sind alle lebendig begraben [...]. Wir kratzen fünfzig Jahre lang am Sargdeckel. Ja, wer an Vernichtung glauben könnte! dem wäre geholfen« (III,7; S. 67). »Wir alle sind Narren es hat keiner das Recht, einem andern seine eigentümliche Narrheit aufzudringen« (I,1; S. 7). Und schließlich noch steigernd der Alptraum Dantons beim Gedanken an die Septembermorde: »Unter mir keuchte die Erdkugel in ihrem Schwung, ich hatte sie wie ein wildes Ross gepackt, mit riesigen Gliedern wühlt ich in ihrer Mähne und presst ihre Rippen, das Haupt abwärts gebückt, die Haare flatternd über dem Abgrund. So ward ich geschleift. Da schrie ich in der Angst, und ich erwachte« (II,5; S. 42).

Das Marionettenmotiv im Vormärz

Literatur- und geistesgeschichtlich verortet Viëtor den diagnostizierten Pessimismus in der Umbruchszeit zwischen dem Idealismus der Deutschen Klassik und dem modernen Materialismus, wobei er als Beispiel das Marionettenmotiv heranzieht, das bei Kleist

17 Viëtor (s. Anm. 13), S. 179.

(*Über das Marionettentheater*, 1810) und in der Romantik (z. B. bei Tieck, *William Lovell*, 1795 ff.) noch eine völlig andere Bedeutung trug. Bei Büchner heißt es: »Puppen sind wir von unbekannten Gewalten am Draht gezogen; nichts, nichts wir selbst! Die Schwerter, mit denen Geister kämpfen, man sieht nur die Hände nicht wie im Märchen« (II,5; S. 43).

Dantons Reaktionen auf Einwände

Gerade Äußerungen Dantons gegenüber Philippeau und zur liebenden Gattin Julie können die Deutung eines nihilistischen Pessimismus stützen. Als der fromme Freund die Dantonisten im Gefängnis mit dem Gedanken an die Transzendenz trösten will, entgegnet Danton: »Aber wir sind die armen Musikanten und unsere Körper die Instrumente. Sind die hässlichen Töne, welche auf ihnen herausgepfuscht werden nur da um höher und höher dringend und endlich leise verhallend wie ein wollüstiger Hauch in himmlischen Ohren zu sterben? […] Sind wir Kinder, die in den glühenden Molochsarmen dieser Welt gebraten und mit Lichtstrahlen gekitzelt werden, damit die Götter sich über ihr Lachen freuen?« (IV,5; S. 79).

Bezug zur Biographie Georg Büchners

Der Gipfel des pessimistischen Zynismus liegt für den Interpreten in Dantons Antwort auf Philippeaus Aufforderung, dem Vaterland in großer Gefahr zu helfen: »Was liegt daran? Die Leute befinden sich ganz wohl dabei. Sie haben Unglück, kann man mehr verlangen um gerührt, edel, tugendhaft oder witzig zu sein oder um überhaupt keine Langeweile zu haben?« (II,1; S. 33). Und an diesem Punkt wird er dann doch biographisch: »Wer so denkt, kann sich nicht mehr anstrengen, Revolutionen machen, kämpfen, töten, um die Menschen glücklich zu machen – da doch das Unglück sich so gut genießen läßt, wie das Glück. Das heißt denn nun, dem aktivistischen Glauben, dem revolutionären Wollen, jeder politischen Tat das moralische Fundament zu entziehen. Diese Worte gehen über die Geschichte hinaus. Das ist Büchners eigene Empfindung – Ausdruck des Ekels, der Verzweiflung, der quälenden Gefühle, die den jungen Menschen erfüllten; ihn, der verstanden hatte, welche ›Lehre‹ die Geschichte der Französischen Revolution einem Geist zu vermitteln hatte, der die Kraft besaß, der unverhüllten Wahrheit ins Gesicht zu sehen. Wenn selbst der, wie er glaubt, am meisten gerechtfertigte, der revolutionäre Kampf im Grunde so sinnlos ist, was muß dann erst von den übrigen Kapiteln der Menschheitsgeschichte gelten?«[18]

Sinnlosigkeit politischen Handelns

Viëtor ist sich sicher, dass Büchners Sympathie der Titelfigur Danton galt.[19] Er bilanziert: »Auf ein politisches Drama ging Büchners Wille wohl ursprünglich. [...] Büchner studiert die Geschichte der Französischen Revolution, die er schon kennt. Diesmal liest er mit anderen Augen. Er ist eben dabei, zum erstenmal nach seinen politischen Grundsätzen zu handeln, vom Grundsatz zur Tat überzugehen, ist dabei, eine Verschwörung, einen Klub für revolutionäre Propaganda zu organisieren. Das Unternehmen mißglückt, es mißglückt politisch und moralisch. Bauern ant-

Ursprünglicher Plan eines ›politischen‹ Dramas?

18 Viëtor (s. Anm. 13), S. 188 f.
19 Viëtor (s. Anm. 13), S. 202.

worten auf den Anruf des ›Hessischen Landboten‹ so, daß man sieht, er geht sie gar nichts an. [...] In diesen Wochen der tiefsten politischen Ernüchterung, des Lebens in Angst und Aufregung von einem Tag zum andern, gibt er der Erfahrung Form und Leben, die ihm das Studium des größten revolutionären Beispiels, das die abendländische Geschichte kennt, vermittelt hatte. Aber das war keine politische Erfahrung, keine politische Wahrheit. Es war eine religiöse Wahrheit – eine, die sich auf die letzten, ewigen Fragen der Menschheit bezog. ›Dantons Tod‹ ist ein Drama mit einem politischen Stoff; aber die Wahrheit, die es verkündet, ist von der Art, daß durch sie der Wille zum politischen Handeln gelähmt werden muß. Es ist das erste dichterische Werk eines jungen Rebellen, der auszog, um aus dem Studium der Geschichte sich Einsicht, Kraft und Begeisterung für die revolutionäre Tat zu holen und der eine Erkenntnis fand, vor der alles Handeln sinnlos erscheint. [...] Wo ist in diesem Drama ein politisches Programm? Es gibt keines. Es gibt nur Geschichte und eine religiöse Wahrheit aus der Geschichte.«[20] Und schließlich: »Ein neues Götterbild richtet Büchner [...] auf, das Bild des absoluten Nichts, aber es ist deutlich nur ein Gegenbild, dem sterbenden Gott des Idealismus entgegengestellt.«[21]

Das fertige Werk ein »Bild des absoluten Nichts«

20 Viëtor (s. Anm. 13), S. 205.
21 Viëtor (s. Anm. 13), S. 208.

## »Realismus«? – Georg Lukács

Der aus Ungarn stammende Philosoph und Literaturwissenschaftler Georg Lukács (1885–1971) vertrat demgegenüber eine ausgesprochen politische Lesart des Dramas.[22] Mitten in der Zeit des Faschismus schleuderte er zum einhundertsten Todestag Büchners 1937 von Moskau aus seinen Kollegen im Deutschen Reich, darunter ausdrücklich Karl Viëtor, seine marxistisch grundierte Interpretation entgegen: *Dantons Tod* sei alles andere als eine Reaktion des frustrierten studentischen Rebellen; Georg Büchner sei »stets ein konsequenter Revolutionär gewesen, von einer erstaunlichen Frühreife und Klarheit, von einer erstaunlichen Folgerichtigkeit im Auf und Ab seines revolutionären, seines menschlichen und dichterischen Schicksals.«[23]

■ Marxistische Literaturwissenschaft

■ Büchner war zeit seines Lebens Revolutionär

Um Viëtors These vom enttäuschten Revolutionär zurückzuweisen, vergleicht Lukács je eine Briefstelle vor und eine nach der Publikation des *Hessischen Landboten*: Zuvor aus Straßburg im Juni 1833 an die Familie: »Ich werde zwar immer meinen Grundsätzen gemäß handeln, habe aber in neuerer Zeit gelernt, daß nur das notwendige Bedürfnis der *großen Masse*

■ Interpretation von Briefen Büchners

22 Georg Lukács, *Der faschistische verfälschte und der wirkliche Georg Büchner. Zu seinem hundertsten Todestag am 19. Februar 1937*, in: Georg Lukács, *Werke*, Bd. 7: *Deutsche Literatur in zwei Jahrhunderten*, Neuwied 1964, S. 249–272. [Die Ausführungen in diesem Kapitel haben diesen Aufsatz zur Grundlage.]

23 Lukács (s. Anm. 22), S. 252.

Umänderungen herbeiführen kann, daß alles Bewegen und Schreien der einzelnen vergebliches Torenwerk ist.«[24] – Und danach, wieder nach Straßburg zurückgekehrt, an Gutzkow im Sommer 1835: »Die ganze Revolution hat sich schon in Liberale und Absolutisten geteilt und muß von der ungebildeten und armen Klasse aufgefressen werden; das Verhältnis von Armen und Reichen ist das einzige revolutionäre Element in der Welt; der Hunger allein kann die Freiheitsgöttin und nur ein Moses, der uns die sieben ägyptischen Plagen auf den Hals schickte, könnte ein Messias werden. Mästen Sie die Bauern, und die Revolution bekommt die Apoplexie [Durchblutungsstörung]. Ein *Huhn* im Topf jedes Bauern macht den gallischen *Hahn* verenden.«[25]

■ »Befreiung der arbeitenden Massen«

■ (Tragisches) Geschichtsdrama

Lukács stellt die Briefe auswertend fest: »Es gibt wenige Beispiele in der Geschichte, daß ein junger Revolutionär zwischen seinem zwanzigsten und vierundzwanzigsten Lebensjahr seine politische Linie so begonnen und so konsequent durchgehalten hätte. Büchner ist also ein *plebejischer Revolutionär*, dem die ökonomischen Grundlagen einer Befreiung der arbeitenden Massen klarzuwerden beginnen.«[26] Der grundlegende Konflikt des tragischen Geschichtsdramas wird davon ausgehend deutlich: Soll die Revolution in ihrer kritischen Phase im Frühjahr 1794 lieber abgebrochen und an das Konsolidieren des Er-

24 Büchner (s. Anm. 1), S. 280.
25 Büchner (s. Anm. 1), S. 303.
26 Lukács (s. Anm. 22), S. 254.

reichten gegangen werden? Oder muss der gewaltsame revolutionäre Kampf zugunsten der unteren sozialen Schichten fortgeführt werden? Gegen Héraults schlichte, aber zutiefst problematische Forderung, die »Revolution muss aufhören und die Republik muss anfangen« (I,1; S. 7) stellt der Dritte Bürger die Erfahrung des Volkes: »Sie [die Reichen] haben kein Blut in den Adern, als was sie uns ausgesaugt haben. Sie haben uns gesagt: schlagt die Aristokraten tot, das sind Wölfe! Wir haben die Aristokraten an die Laternen gehängt. Sie haben gesagt das Veto frisst euer Brot, wir haben das Veto totgeschlagen, sie haben gesagt die Girondisten hungern euch aus, wir haben die Girondisten guillotiniert. Aber sie haben die Toten ausgezogen und wir laufen wie zuvor auf nackten Beinen und frieren. Wir wollen ihnen die Haut von den Schenkeln ziehen und uns Hosen daraus machen, wir wollen ihnen das Fett auslassen und unsere Suppen mit schmelzen. Fort! Totgeschlagen, wer kein Loch im Rock hat!« (I,2; S. 11).

Sympathie für die Partei Robespierres

Vor diese Alternative gestellt, befindet sich Lukács auf Seiten des Volkes und damit auf derjenigen Robespierres und seiner Anhänger: »Die soziale Revolution ist noch nicht fertig, wer eine Revolution zur Hälfte vollendet, gräbt sich selbst sein Grab. Die gute Gesellschaft ist noch nicht tot, die gesunde Volkskraft muss sich an die Stelle dieser nach allen Richtungen abgekitzelten Klasse setzen. Das Laster muss bestraft werden, die Tugend muss durch den Schrecken herrschen« (I,6; S. 25). In seiner Interpretation des Gesprächs zwischen Danton und Robespierre betont Lukács, dass dies auch für Büchners Drama gelte: »Danton widerlegt nämlich mit keinem Wort die *politische* Anschauung Robespierres. Er weicht im Gegenteil einer politischen Auseinandersetzung aus, er hat kein einziges Argument gegen den politischen Vorwurf, gegen die politische Konzeption Robespierres [...]«.[27]

Der Titelheld erscheint damit zwar als Revolutionär, aber als Revolutionär von gestern, der seine Aufgabe bei der Beseitigung der Monarchie und des Feudalismus bereits erfüllt hat, als ein »toter Heiliger« (I,5; S. 23), inzwischen von der mittlerweile sozialen Revolution entfremdet und passiv. Die Konsequenz, die der politische Interpret mit dieser geschichtlichen Sicht auf das Drama eingehen muss, ist eine durchaus positive Bewertung derjenigen Figur, die das Geschehen vor allem vorantreibt: St. Just – »er ist die Verkörperung des tatkräftigen, ungebrochenen, plebejischen Revolutionärs, mehr eine Wunschfigur als eine ausgearbeitete Gestalt.«[28]

■ Positive Bewertung St. Justs

Deutlich wird dies im Dialog zwischen Robespierre und St. Just (I,6). Robespierre hing zuvor im Monolog seinen Zweifeln nach (»lächerlich, wie meine Gedanken einander beaufsichtigen«, I,6; S. 27), St. Just erscheint, eine »*Dienerin bringt Licht*« (I,6; S. 28) und St. Just berichtet: »Ich traf ihn [Danton] unterwegs im Palais-Royal. Er machte seine revolutionäre Stirn und

■ Unterschiede zwischen Robespierre und St. Just

27 Lukács (s. Anm. 22), S. 259.
28 Lukács (s. Anm. 22), S. 262.

sprach in Epigrammen; er duzte sich mit den Ohnehosen, die Grisetten liefen hinter seinen Waden drein und die Leute blieben stehn und zischelten sich in die Ohren, was er gesagt hatte. Wir werden den Vorteil des Angriffs verlieren. Willst du noch länger zaudern? Wir werden ohne dich handeln. Wir sind entschlossen« (ebd.).

Revolutionäre Entschlossenheit

In der Öffentlichkeit formuliert St. Just diese Entschlossenheit dann so: »Es darf daher jeder Vorzüge und darf daher keiner Vorrechte haben, weder ein Einzelner, noch eine geringere oder größere Klasse von Individuen. Jedes Glied dieses in der Wirklichkeit angewandten Satzes hat seine Menschen getötet. Der 14. Juli, der 10. August, der 31. Mai sind seine Interpunktionszeichen. Er hatte vier Jahre Zeit nötig um in der Körperwelt durchgeführt zu werden, und unter gewöhnlichen Umständen hätte er Jahrhunderte dazu gebraucht und wäre mit Generationen interpunktiert worden. Ist es da so zu verwundern, dass der Strom der Revolution bei jedem Absatz bei jeder neuen Krümmung seine Leichen ausstößt. Wir werden unserem Satze noch einige Schlüsse hinzuzufügen haben, sollen einige hundert Leichen uns verhindern sie zu machen? […] Alle geheimen Feinde der Tyrannei, welche in Europa und auf dem ganzen Erdkreise den Dolch des Brutus unter ihren Gewändern tragen, fordern wir auf diesen erhabnen Augenblick mit uns zu teilen« (II,7; S. 48 f.).

Literaturtheoretisch würdigt Lukács ausgehend vom Kunstgespräch in Camilles Zimmer (II,3) Büch-

Realismus

ners Realismus. »Ich sage euch, wenn sie nicht alles in hölzernen Kopien bekommen, verzettelt in Theatern, Konzerten und Kunstausstellungen, so haben sie weder Augen noch Ohren dafür. Schnitzt einer eine Marionette, wo man den Strick hereinhängen sieht, an dem sie gezerrt wird und deren Gelenke bei jedem Schritt in fünffüßigen Jamben krachen, welch ein Charakter, welche Konsequenz! Nimmt einer ein Gefühlchen, eine Sentenz, einen Begriff und zieht ihm Rock und Hosen an, macht ihm Hände und Füße, färbt ihm das Gesicht und lässt das Ding sich drei Akte hindurch herumquälen, bis es sich zuletzt verheiratet oder sich totschießt – ein Ideal! Fiedelt einer eine Oper, welche das Schweben und Senken im menschlichen Gemüt wiedergibt wie eine Tonpfeife mit Wasser die Nachtigall – ach die Kunst! [...] Die Griechen wussten, was sie sagten, wenn sie erzählten Pygmalions Statue sei wohl lebendig geworden, habe aber keine Kinder bekommen« (II,3; S. 37 f.). Alle klassisch-idealistische Kunst wird hier verabschiedet, wie sie zum Entstehungszeitpunkt noch völlig geläufig war – Goethe starb 1832 – vielmehr soll die Kunst nun »glühend, brausend und leuchtend« (II,3; S. 38) sein.

Modernes Kunstverständnis

Lukács bilanziert: »So steht das Bild Büchners ganz klar vor uns: Als Revolutionär und großer Realist im miserablen Deutschland der dreißiger Jahre – wie sollte er bei solch elender Wirklichkeit nicht Ausbrüche der Wut und Erbitterung erlebt haben? [...] Büchner hat die wenigen Jahre seines Lebens konsequent und ohne Schwankungen gewirkt: als plebejisch-

Gesamtwürdigung Georg Büchners

demokratischer Revolutionär in seiner politischen Tätigkeit, als philosophischer Materialist in seiner Weltanschauung, als Nachfolger Shakespeares und Goethes im großen Realismus.[29]

Die Hochschätzung ausgerechnet des eiskalten St. Just bleibt bei Lukács' Interpretation natürlich ein Problem – dass die Sympathien des Theaterbesuchers eher bei Danton liegen dürften, scheint evident. Jahrzehnte später wurde demgemäß die politische Deutung des Stückes dahingehend weiterentwickelt, dass das Volk selbst in den Mittelpunkt gestellt wurde. Henri Poschmann urteilte 1983: »Als Haupttriebkraft der Handlung erweist sich die dritte, die kollektive Figur des Volkes, die den weitesten Spielraum, die Straße, beherrscht. Sie ist – der Potenz nach – der mächtigste Handlungsträger, wenn diese Potenz auch noch nicht realisiert ist. Die Figurenordnung des Stücks selbst wirkt einer Hypertrophierung [Überhöhung] der Rolle der großen Einzelgestalten entgegen. [...] Die Nichtanerkennung menschlicher Rangunterschiede und die Bekräftigung der Gleichwertigkeit jedes Einzellebens jedem anderen gegenüber hat die ästhetische Außerkraftsetzung der traditionellen Figurenhierarchie zur Folge. [...] Was die republikanische Verfassung von 1793, die nie wirklich in Kraft trat, garantieren sollte, die Gleichheit aller als unveräußerliches Naturrecht, wird als ästhetisches Formgesetz

■ Henri Poschmann: Handlungsträger Volk

29 Lukács (s. Anm. 22), S. 266 f.

Ein Drama neuen Typs

Straßenszene I,2

konstitutiv für die Herausbildung des neuen Dramentyps.«[30]

Ausgerechnet ein Vertreter des einfachen Volks beantwortet schlicht und materialistisch in der Straßenszene (I,2) die große Frage Büchners und Dantons nach den Wurzeln alles Bösen (vgl. Kap. 1, S. 9), nicht Robespierre und auch nicht St. Just: »Ja ein Messer, aber nicht für die arme Hure, was tat sie? Nichts! Ihr Hunger hurt und bettelt. Ein Messer für die Leute, die das Fleisch unserer Weiber und Töchter kaufen! Weh über die, so mit den Töchtern des Volkes huren! Ihr habt Kollern im Leib und sie haben Magendrücken, ihr habt Löcher in den Jacken und sie haben warme Röcke, ihr habt Schwielen in den Fäusten und sie haben Samthände. Ergo ihr arbeitet und sie tun nichts, ergo ihr habt's erworben und sie haben's gestohlen; ergo, wenn ihr von eurem gestohlnen Eigentum ein paar Heller wiederhaben wollt, müsst ihr huren und bettlen; ergo sind sie Spitzbuben und man muss sie totschlagen« (I,2; S. 10 f.). Der Dritte Bürger, im Begriff sein bessergestelltes, aber letztlich unschuldiges Opfer zu lynchen, bitter-entschlossen: »Nur ein Spielen mit einer Hanflocke um den Hals! 's ist nur ein Augenblick, wir sind barmherziger als ihr. Unser Leben ist der Mord durch Arbeit, wir hängen sechzig Jahre lang am Strick und zappeln, aber wir werden uns losschneiden« (I,2; S. 11). Vergleichbar auch der

30 Henri Poschmann, *Georg Büchner: Dichtung der Revolution und Revolution der Dichtung*, 3. Aufl., Berlin/Weimar 1988, S. 115 f.

Zweite Fuhrmann kurz vor der Hinrichtung der Dantonisten: »Meine Kinder sind auch Würmer und die wollen auch ihr Teil davon« (IV,4; S. 75).

## Ideologiekritik? – Michael Voges

Viëtor sah in *Dantons Tod* noch die letztlich nihilistische Abwendung vom politischen Engagement Büchners nach der Erfahrung des Scheiterns.[31] Lukács wies dies als völlig verfehlt zurück und betrachtete das Werk als durch und durch politisch. Eine dritte Deutungsmöglichkeit besteht darin, die skeptischen Züge des Dramas zu betonen und darauf abzuheben, dass darin jegliche Ideologie, sei sie politisch oder weltanschaulich geprägt, kritisiert wird.

■ Dritte Deutungsmöglichkeit

»Büchners dramatische Autopsie [Untersuchung] der Französischen Revolution legt schonungslos die klassenbedingte Borniertheit der bürgerlichen Positionen frei. Sie demonstriert aber zugleich die Unfähigkeit des Volkes, die Rolle eines Subjektes im historischen Prozeß der Revolution zu übernehmen. Der politische Diskurs in ›Dantons Tod‹ steht im Zeichen radikaler Ideologiekritik. Die irritierend perspektivische Darstellung des Volkes und der beiden bürgerlichen Fraktionen bleibt selbst allerdings ohne konkrete politische Perspektive. Das Scheitern der sozialen Revolution erscheint auf der Ebene des politischen

■ Radikale Ideologiekritik

31 Michael Voges, *Dantons Tod*, in: *Georg Büchner. Interpretationen*, Stuttgart 1990 [u. ö.], S. 7–62. [Die Ausführungen in diesem Kapitel haben diesen Aufsatz zur Grundlage.]

Diskurses konsequent und unvermeidlich. Es bezeichnet den politischen Realismus des Autors, wenn der im historischen Modell vorgegebene objektive Widerspruch der bürgerlichen Revolution in Frankreich, die die soziale und politische Befreiung des Volkes programmatisch fordert und praktisch vorenthält, nicht aufgelöst wird.«[32]

Liberalismuskritik Büchners

Für die Kritik Büchners am politischen Liberalismus seiner eigenen Zeit sowie an der öffentlichkeitswirksamen Inszenierung angeblicher politischer Leistungen ohne wirkliches Ergebnis finden sich überzeugende Belege in seinen Briefen. Aus Gießen schreibt er etwa an seine Familie über das studentische, liberal orientierte Verbindungswesen: »Das Treiben des ›Burschen‹ kümmert mich wenig, gestern Abend hat er von dem Philister Schläge bekommen. Man schrie *Bursch heraus!* Es kam aber niemand, als die Mitglieder zweier Verbindungen, die aber den Universitätsrichter rufen mußten, um sich vor den Schuster- und Schneiderbuben zu retten. Der Universitätsrichter war betrunken und schimpfte die Bürger; es wundert mich, daß er keine Schläge bekam; das Possierlichste ist, daß die Buben liberal sind und sich daher an die loyal gesinnten Verbindungen machen. Die Sache soll sich heute wiederholen, man munkelt sogar von einem Auszug; ich hoffe, daß der Bursche wieder Schläge bekommt; wir halten zu den Bürgern und bleiben in der Stadt.«[33]

32 Voges (s. Anm. 31), S. 8 f.
33 Büchner (s. Anm. 1), S. 291 f.

Büchner skeptisch gegenüber politischer Inszenierung

Kritische Distanz zum Unernst politischer Kundgebungen seiner Zeit kommt schon im ersten erhaltenen Brief Büchners an seine Familie über den Einzug des Kämpfers im polnischen Unabhängigkeitskampf Gerolamo Ramorino in Straßburg zum Ausdruck. Gleichzeitig ging die geschilderte Atmosphäre auch in *Dantons Tod* ein (Kap. IV,7): »Endlich erschien Ramorino, begleitet von einer Menge Reiter; ein Student hält eine Anrede, die er beantwortet, ebenso ein Nationalgardist. Die Nationalgarden umgeben den Wagen und ziehen ihn; wir stellen uns mit der Fahne an die Spitze des Zugs, dem ein großer Musikchor vormarschiert. So ziehen wir in die Stadt, begleitet von einer ungeheuren Volksmenge unter Absingung der Marseillaise und der Carmagnole [Kap. 6.4.3]; überall erschallt der Ruf: Vive la liberté! vive Ramorino! à bas les ministres! à bas le juste milieu! Die Stadt selbst illuminiert, an den Fenstern schwenken die Damen ihre Tücher und Ramorino wird im Triumph bis zum Gasthof gezogen, wo ihm unser Fahnenträger die Fahne mit dem Wunsch überreicht, daß diese Trauerfahne sich bald in Frankreichs Freiheitsfahne verwandeln möge. Darauf erscheint Ramorino auf dem Balkon, dankt, man ruft Vivat! – und die Komödie ist fertig.«[34]

Distanz Dantons

Im Drama selbst betont Voges die Distanz, namentlich der Titelfigur, zum Handeln. Vor dem Revolutionstribunal verteidigt sich Danton nur scheinbar

34 Büchner (s. Anm. 1), S. 273.

selbstbewusst, in großen Worten – aber ohne Aussicht auf Erfolg: »Meine Stimme, die ich so oft für die Sache des Volkes ertönen ließ, wird ohne Mühe die Verleumdung zurückweisen. [...] Von einem Revolutionär, wie ich darf man keine kalte Verteidigung erwarten. Männer meines Schlages sind in Revolutionen unschätzbar, auf ihrer Stirne schwebt das Genie der Freiheit« (IV,4; S. 57). Die letzte große öffentliche Rede wird zur Unheilsprophezeiung: »Eines Tages wird man die Wahrheit erkennen. Ich sehe großes Unglück über Frankreich hereinbrechen. Das ist die Diktatur, sie hat ihren Schleier zerrissen, sie trägt die Stirne hoch, sie schreitet über unsere Leichen« (III,9; S. 69).

Wohlfahrtsausschuss verbessert die Lage des Volkes nicht

Die Partei Robespierres handelt in Büchners Drama zweifellos, aber auch und gerade deren ideologische Grundlage wird, so Voges, kritisiert. Das Ergebnis ihres Handelns, die Hinrichtung der Dantonisten, verbessert die soziale Situation mitnichten. Der Kommentar einer Mutter: »Platz! Platz! Die Kinder schreien, sie haben Hunger. Ich muss sie zusehen machen, dass sie still sind. Platz!« (VI,7; S. 81).

Hohler Tugendkult der Jakobiner

»Der von Robespierre messianisch-missionarisch zelebrierte Volks- und Tugendkult erscheint vor diesem Hintergrund als eine ideologische Transformation des unaufgelösten Widerspruchs der bürgerlichen Revolution. Diese braucht den Kult, um die auseinandertriftenden Positionen ihrer gesellschaftlichen Basis zu verbergen. Der Tugendkult zielt auf eine moralische Neutralisierung der Revolution. [...] Mit den

Mitteln der politischen Rhetorik und der staatlichen *terreur* sorgen die Robespierristen eher für eine Stabilisierung des Status quo […].«[35] Auch das zwar mit Sympathie dargestellte, aber wankelmütige Volk handelt letztlich nicht politisch; eine Beobachtung, die Büchner schon vor dem *Hessischen Landboten* antizipiert, während er selbst bereits die Widerstandshandlung erwägt. »Die politischen Verhältnisse könnten mich rasend machen. Das arme Volk schleppt geduldig den Karren, worauf die Fürsten und Liberalen ihre Affenkomödie spielen. Ich bete jeden Abend zum Hanf und zu d. Laternen.«[36]

Passivität des Volkes

Voges kann also bilanzieren: »Keine der sozialen und politischen Gruppierungen erfährt eine Bevorzugung; keiner Position kommt – etwa durch eine stärkere Identifikation des Autors – ein größeres Maß an Verbindlichkeit zu. […] Als politisches Drama praktiziert ›Dantons Tod‹ Ideologiekritik. […] Als dramatisches Denkspiel überführt ›Dantons Tod‹ den politischen Diskurs in einen historischen, der die Bedingungen und Möglichkeiten politischen Handelns im geschichtlichen Raum auslotet.«[37]

*Dantons Tod*: »dramatisches Denkspiel«

Weiteres Indiz für diese These jenseits der Handlungsebene ist die häufige Verwendung der Theatermetaphorik im Stück. Durch den Effekt eines Spiels im Spiel wird Distanz erzeugt. Damit »verschärft Büchner die Ideologiekritik des politischen Diskurses

Theatermetaphorik

35 Voges (s. Anm. 31), S. 18 f.
36 Büchner (s. Anm. 1), S. 285.
37 Voges (s. Anm. 31), S. 31 f.

und überführt diese zugleich in eine fundamentale Kritik der gesellschaftlichen Produktion von Wirklichkeit.«[38] Typische Stellen dieser Theaterbildlichkeit sind z. B. die Szenen I,2 mit dem Souffleur Simon und Gespräche der Dantonisten wie etwa II,1, 5 u. a.

Die Interpretation des Dramas als ein Werk, das sich skeptisch gegenüber allen zu dieser Zeit fast ausschließlich von Männern vertretenen Ideologien verhält, führt dazu, dass Voges die von Viëtor und Lukács eher am Rande berücksichtigten Frauengestalten des Dramas stärker hervorhebt. Der für ein Revolutionsdrama doch überraschende Schluss (IV,9; S. 84) erhält von dieser Warte aus seinen Sinn. »Hier erreicht die Revolte des Subjekts gegen die vernünftige Unvernunft des Allgemeinen ihren absurden Höhepunkt. Erst jetzt, in der provozierend privaten Inanspruchnahme des öffentlichen Terrors, gelangt der politische Diskurs über die Gewalt in der bürgerlichen Revolution zu seinem unmißverständlichen Ende. Mit dem politisch inszenierten Selbstmord setzt sich die private Existenz unübersehbar in einen radikal kritischen Bezug zur politischen Revolution.«[39]

Stimmige Interpretation des Schlusses

38 Voges (s. Anm. 31), S. 35.
39 Voges (s. Anm. 31), S. 57.

## Einzelne Aspekte

### Antike

Es ist, zumindest auf den ersten Blick, schon überraschend (und erleichtert das Lesen nicht unbedingt), dass ein Revolutionsdrama des 19. Jahrhunderts mit einem Stoff aus dem 18. Jahrhundert so viele offene und auch verdeckte Bezüge zur Antike aufweist wie *Dantons Tod*. Dabei muss man sich zunächst klarmachen, dass die Schulbildung gerade im deutschsprachigen Raum in den Jahrzehnten um 1800 auf Geschichte und Sprachen des Altertums allergrößten Wert legte. Den (relativ wenigen, aber großteils männlichen) Menschen mit höherer Schulbildung waren diese Inhalte also in einem heute kaum mehr vorstellbaren Maße vertraut – auch Büchner und die potentiellen Leser des Dramas zählten zu dieser schmalen Bildungselite (Kap. 7). Darüber hinaus haben die Anspielungen auf die Antike im Stück eine dramatische Funktion. Stark vereinfacht steht nämlich das Alte Rom für die Partei Robespierres, Griechenland für die Dantonisten.

■ Omnipräsenz der Antike

In der Tat wurde während der Französischen Revolution gerade die römische Antike als Vorbild betrachtet – infolge der gerade in Frankreich besonders wirksamen religionskritischen Aufklärung und als Absetzung vom hier vorherrschenden katholischen Christentum. Die den republikanischen Römern zugeschriebene Entschlossenheit und moralische Strenge wurde von den Jakobinern nachgeahmt. Der

■ Rom – Vorbild der Jakobiner

Delegierte aus Lyon etwa löst mit folgendem Redeschluss Beifall aus: »Nur ein Feigling stirbt für die Republik, ein Jakobiner tötet für sie. Wisst, finden wir in euch nicht mehr die Spannkraft der Männer des 10. August, des September und des 31. Mai, so bleibt uns, wie dem Patrioten Gaillard nur der Dolch des Cato« (I,3; S. 14). Auch Robespierre selbst beruft sich auf altrömische Autoritäten. »Man hat vor kurzem auf eine unverschämte Weise den Tacitus parodiert, ich könnte mit dem Sallust antworten und den Catilina travestieren; doch ich denke, ich habe keine Striche mehr nötig, die Porträts sind fertig« (I,3; S. 17). Barère antwortet auf die Bittschrift einer Frau: »Wohl eine von denen, die gezwungen sein möchten zwischen einem Guillotinenbrett und dem Bett eines Jakobiners zu wählen. Die wie Lucretia nach dem Verlust ihrer Ehre sterben, aber etwas später als die Römerin, im Kindbett, oder am Krebs oder aus Altersschwäche. Es mag nicht so unangenehm sein einen Tarquinius aus der Tugendrepublik einer Jungfrau zu treiben« (III,6; S. 63). Schließlich bezeichnet Lacroix noch im Gefängnis Robespierre als »Nero« (IV,5; S. 78).

Griechenland – Bezugspunkt der Dantonisten

Ebenfalls tendenziell kritisch gegenüber der Kirche, aber wesentlich stärker an den Sinnen und den individuellen Freiheiten orientiert ist die Bezugnahme auf die griechische Antike. Camille formuliert den Gegensatz deutlich gleich zu Beginn u. a. mit indirektem Bezug auf die altgriechische Liebeslyrikerin Sappho (um 600 v. Chr.): »Wir wollen nackte Götter,

Abb. 7: Der Tod des Marat, 1793. Ölgemälde von Jacques-Louis David (1748–1825)

Bacchantinnen, olympische Spiele und melodische Lippen: ach, die gliederlösende, böse Liebe![40] Wir wollen den Römern nicht verwehren sich in die Ecke zu setzen und Rüben zu kochen aber sie sollen uns keine Gladiatorspiele mehr geben wollen. Der göttliche Epikur und die Venus mit dem schönen Hintern müssen statt der Heiligen Marat und Chalier die Türsteher der Republik werden« (I,1; S. 8). Danton kann Robespierre mit dieser Äußerung in Verlegenheit bringen: »Es gibt nur Epikureer und zwar grobe und feine, Christus war der feinste; das ist der einzige Unterschied, den ich zwischen den Menschen herausbringen kann« (I,6; S. 26).

Ständige Wiederkehr des Gleichen?

Büchner verwendet in *Dantons Tod* derart viele Anspielungen auf die Antike, dass man sich über eine übergeordnete Funktion dieser Anleihen Gedanken gemacht hat.[41] Wenn das Geschehen der neuzeitlichen Revolution fast kontinuierlich mit antiken Gegebenheiten unterlegt werden kann und bei Büchner auch wird, so folgt daraus eine gewisse Kontinuität der Geschichte überhaupt; mit anderen Worten: Es hat sich in den letzten zweitausend Jahren im Prinzip nichts geändert. Danton sagt auf der Flucht: »Ich mag nicht weiter. [...] Eigentlich muss ich über die ganze Geschichte lachen. Es ist ein Gefühl des Bleibens in

40 Vgl. Sappho Fragment 130: »Eros wiederum quält mich, der Gliederlösende, / süßbitteres unbezwingbares Getier.«

41 Helmut Koopmann, *Dantons Tod und die Antike Welt. Zur Geschichtsphilosophie Georg Büchners*, in: *Zeitschrift für deutsche Philologie* (Sonderheft) 1965, S. 22–41.

mir, was mir sagt, es wird morgen sein, wie heute, und übermorgen und weiter hinaus ist alles wie eben« (II,4; S. 40).

## Rhetorik

Ein Drama mit dem Stoff der Französischen Revolution wird auch ein Drama der großen Reden sein. Das Abfassen von Reden, die dem traditionellen, aus der Antike stammenden System der Rhetorik folgen, war im 19. Jahrhundert noch fester Bestandteil der höheren Schulbildung. Diesbezügliche Übungsbeispiele Büchners sind sogar noch erhalten (Kap. 7). In *Dantons Tod* geht er freilich wesentlich freier mit diesem Genre um. Es sind im Wesentlichen zwei Typen öffentlicher Reden, die im Stück gehalten werden:

■ System der Schulrhetorik

1. Politische Reden: Robespierre (I,3; II,7) und St. Just (II,7) halten solche Reden in einer mehr oder weniger großen Öffentlichkeit mit dem Ziel, das Publikum von der jeweils eigenen Position zu überzeugen.

■ Politische Reden

2. Gerichtsreden: Für Danton ist die Zeit der großen politischen Reden während der Handlung bereits vorbei; er muss sich vielmehr in Gerichtsreden vor dem Revolutionstribunal verteidigen (III,4; III,9).

■ Gerichtsreden

Robespierre spricht gerne mit viel Pathos, d. h. mit feierlicher Leidenschaft. In recht einfach gebauten Sätzen stellt er seinen Gedankengang dar und nutzt wirkungsvolle sprachliche Bilder, mehr Metaphern als Vergleiche, rhetorische Fragen, Übertreibungen. Indem er die Gegenposition antithetisch geradezu ver-

■ Robespierre: überwältigendes Pathos

nichtet, überwältigt er sein Publikum mehr, als dass er argumentativ überzeugt. Immer wieder zeigt er Gegensätze zwischen seiner Partei und deren Feinden auf. »Wir warteten nur auf den Schrei des Unwillens, der von allen Seiten ertönt, um zu sprechen. Unsere Augen waren offen, wir sahen den Feind sich rüsten und sich erheben, aber wir haben das Lärmzeichen nicht gegeben, […]. Erbarmen mit den Royalisten!, rufen gewisse Leute. Erbarmen mit Bösewichtern? Nein! Erbarmen für die Unschuld, Erbarmen für die Schwäche, Erbarmen für die Unglücklichen, Erbarmen für die Menschheit« (I,3; S. 15 f.).

St. Just: nüchterne, (scheinbar) zwingende Überzeugung

St. Just argumentiert nüchterner, sachlicher, obwohl er inhaltlich häufig auf logisch wenig zwingende Analogieschlüsse setzt. Seine Beispiele entnimmt er der Natur, der Bibel und dem antiken Mythos. »Es scheint in dieser Versammlung einige empfindliche Ohren zu geben, die das Wort Blut nicht wohl vertragen können. Einige allgemeine Betrachtungen mögen sie überzeugen, dass wir nicht grausamer sind als die Natur und als die Zeit. […] Ich frage nun: soll die moralische Natur in ihren Revolutionen mehr Rücksicht nehmen, als die physische? […] Die Revolution ist wie die Tochter des Pelias; sie zerstückt die Menschheit um sie zu verjüngen. Die Menschheit wird aus dem Blutkessel wie die Erde aus den Wellen der Sündflut mit urkräftigen Gliedern sich erheben, als wäre sie zum ersten Male geschaffen« (II,7; S. 47–49).

Die Hauptfigur Danton hält keine politischen Reden mehr. Im Gegenteil: Eingeführt wird sie medias in res im beiläufigen Gespräch mit der Gattin; das Thema ist alles andere als politisch: »Sieh die hübsche Dame, wie artig sie die Karten dreht! ja wahrhaftig sie versteht's, man sagt sie halte ihrem Manne immer das Cœur und andren Leuten das Carreau hin. Ihr könntet einem noch in die Lüge verliebt machen« (I,1; S. 5). Mit der ›Lüge‹ ist bereits in der allerersten Replik (Erwiderung) des Stücks die Kehrseite der Rhetorik angesprochen – stets wurde die Redekunst verdächtigt, fast beliebigen Inhalt bloß überzeugend zu verpacken. Danton fährt, in der dritten Person wie Robespierre, aber zutiefst skeptisch fort: »Was weiß ich. Wir wissen wenig voneinander. Wir sind Dickhäuter, wir strecken die Hände nacheinander aus aber es ist vergebliche Mühe, wir reiben nur das grobe Leder aneinander ab – wir sind sehr einsam« (I,1; S. 5). Diese Skepsis hat man als Dementi der Rhetorik überhaupt verstanden: »Büchners Drama ›Dantons Tod‹ zeigt nicht nur den Untergang eines großen Revolutionärs, sondern auch den Untergang eines großen Redners.«[42]

■ Danton: tiefe Skepsis

■ Infragestellen der Rhetorik durch das Volk

Selbst die Reden der politisch Handelnden werden in Büchners Stück immer wieder konterkariert, so z. B. durch den Dritten Bürger, der auf Robespierres Frage »Was gibt's da Bürger?« zunächst einfach zurückfragt: »Was wird's geben? Die paar Tropfen Bluts

42 Andreas Härter, *Der Untergang des Redners. Das Dementi der Rhetorik in Büchners Drama ›Dantons Tod‹*, in: *Rhetorik* 21 (2002), S. 85.

vom August und September haben dem Volk die Backen nicht rot gemacht. Die Guillotine ist zu langsam. Wir brauchen einen Platzregen« (I,2; S. 12).

### Lieder

Zwei Lieder gleichzeitig

Die Marseillaise

Keine Revolution ohne Lieder. Auf dem Revolutionsplatz kurz vor der Hinrichtung erklingen gleich zwei Lieder, wohl parallel, so wie heute mitunter in Fußballstadien: »*Die Wagen kommen angefahren und halten vor der Guillotine.* MÄNNER *und* WEIBER *singen und tanzen die Carmagnole. Die* GEFANGNEN *stimmen die Marseillaise an*« (S. 81). Ihre Bedeutung in *Dantons Tod* hat der Literaturwissenschaftler Martin Selge untersucht.[43] Die Marseillaise – zum ersten Mal am 14. Juli 1795 zur Nationalhymne Frankreichs erklärt – ist das etwas ältere Lied. Es entstand im April 1792 als Kriegslied anlässlich der Kriegserklärung des revolutionären Frankreich an Österreich. Seinen Namen verdankt es den Soldaten aus Marseilles, die kurz vor dem Tuileriensturm 1792 nach Paris einzogen: »Auf, Kinder des Vaterlands! / Der Tag des Ruhms ist da. / Gegen uns wurde der Tyrannei / Blutiges Banner erhoben. / Hört ihr auf den Schlachtfeldern / Das Brüllen der wilden Krieger? / Sie rücken uns auf

43 Vgl. Martin Selge, *Marseillaise oder Carmagnole? Zwei französische Revolutionslieder in ›Dantons Tod‹*, in: *Georg Büchner 1813–1837. Revolutionär, Dichter, Wissenschaftler*, Katalog der Ausstellung Mathildenhöhe, Basel/Frankfurt 1987, S. 235–240.

Abb. 8: Die Marseillaise

den Leib, / Eure Söhne, eure Ehefrauen abzuschlachten. // Zu den Waffen, ihr Bürger! / Bildet Bataillone! / Vorwärts, marschieren wir! / Damit ein unreines Blut unserer Äcker / Furchen tränkt!«[44]

44 Gerhard Schneider, *Die Französische Revolution 1789–1799*, Schwalbach/Ts.: Wochenschau 2012, S. 284.

Der Text des Marsches ist kriegerisch, die Musik durchaus pathetisch und raffiniert. Goethe bemerkte über das Stück in der *Belagerung von Mainz*: »[...] sie waren ganz still bis gegen uns herangegangen, als ihre Musik den Marseiller Marsch anstimmte. Dieses revolutionäre Te Deum hat ohnehin etwas Trauriges, Ahnungsvolles, wenn es auch noch so mutig vorgetragen wird; diesmal aber nahmen sie das Tempo ganz langsam, dem schreitenden Schritt gemäß, den sie ritten. Es war ergreifend und furchtbar und ein ernster Anblick [...].«[45] Die Marseillaise steht für die Revolution des Bürgertums, das sich letztlich durchgesetzt hatte; auch nach dem Tod Dantons.

Hymne der siegreichen bürgerlichen Revolution

Die Carmagnole – Lied der Sansculotten

Die Carmagnole feiert rückblickend den Sturm auf die Tuilerien der Sansculotten am 10. August 1792. In schlichtem G-Dur gehalten, kontrastiert das Lied auch inhaltlich scharf zur Marseillaise: »Frau Veto hatte versprochen, / Ganz Paris den Hals abzuschneiden. / Aber ihr Anschlag ging daneben, / Dank unserer Kanoniere. // Tanzen wir die Carmagnole, / Es lebe der Schall, / Es lebe der Schall, / Tanzen wir die Carmagnole, / Es lebe der Schall der Kanonen.«

Historisch hat sich die Marseillaise durchgesetzt. In Büchners Drama ist das nicht so klar: Zwar werden die Häftlinge mit dem Kriegermarsch auf den Lippen wenige Augenblicke später enthauptet, das könnte

45 Johann Wolfgang von Goethe, *Belagerung von Mainz*, in: Johann Wolfgang von Goethe, *Werke*, Hamburger Ausgabe in 14 Bdn., Bd. 10: *Autobiographische Schriften II*, München 2000, S. 387.

Abb. 9: Die Carmagnole. – Mit Genehmigung des Stroemfeld Verlags, Basel/Frankfurt.

aber im Sinne einer Geschichtstragödie gerade pathetisch die Größe der letztlich siegreichen bürgerlichen Revolution unterstreichen. Andererseits – wir kennen Büchner und seine Sympathie für das einfache Volk – wird die Carmagnole schon vor der Hinrichtung getanzt und gesungen, und vermutlich auch danach. Die »Männer und Weiber« lassen sich ihr Lied jedenfalls nicht nehmen. So zeigt auch dieser Interpretationsansatz, dass man *Dantons Tod* nicht auf

Gleichzeitigkeit unterschiedlicher Perspektiven

eine einzige Deutung festlegen kann. Das Übereinanderblenden verschiedener Sinnrichtungen – beispielhaft an den beiden kontrastierenden Liedern illustriert – ist einer der Gründe dafür.

## Sexualität

Marions Sinnlichkeit

Ihre erotische Autobiographie

Reine Sinnlichkeit scheint im Zimmer von Marion (I,5) gegeben zu sein. Hier ist es die Frau, die Danton zu Füßen liegt (nicht umgekehrt wie zu Beginn Danton bei Julie). Die Edelprostituierte, die sich deutlich von Rosalie und Adelaide abhebt, will ihre Lebensgeschichte erzählen; Danton kann sich eine sexuelle Anspielung nicht verkneifen: »Du könntest deine Lippen besser gebrauchen« (I,5; S. 19). Doch dann lässt er sie ausreden. Marion stammt aus bürgerlichem, aber prüdem Hause, von dem sie sich selbständig befreit. Früh steht sie auf eigenen Beinen – gerade auch erotisch. »Meine Mutter war eine kluge Frau, sie sagte mir immer die Keuschheit sei eine schöne Tugend, wenn Leute ins Haus kamen und von manchen Dingen zu sprechen anfingen, hieß sie mich aus dem Zimmer gehen […]. Da kam der Frühling […]. Ich geriet in eine eigne Atmosphäre, sie erstickte mich fast, ich betrachtete meine Glieder, es war mir manchmal, als wäre ich doppelt und verschmölze dann wieder in eins. Ein junger Mensch kam zu der Zeit ins Haus, er war hübsch und sprach oft tolles Zeug, ich wusste nicht recht, was er wollte, aber ich musste lachen. Meine Mutter hieß ihn öfters kommen, das war uns beiden recht. Endlich sahen wir nicht ein, warum wir nicht ebenso gut zwischen zwei Betttüchern beieinander liegen, als auf zwei Stühlen nebeneinander sitzen durften. Ich fand dabei mehr Vergnügung, als bei seiner Unterhaltung […]. Wir taten's heimlich« (I,5; S. 19 f.).

Der Liebhaber beging später Selbstmord und Marion verkauft nun ihren Körper; sie aber behauptet unhinterfragt, dass sie mit sich im Reinen sei. »Meine Mutter ist vor Gram gestorben, die Leute weisen mit Fingern auf mich. Das ist dumm. Es läuft auf eins hinaus, an was man seine Freude hat, an Leibern, Christusbildern, Blumen oder Kinderspielsachen, es ist das nämliche Gefühl, wer am meisten genießt, betet am meisten« (I,5; S. 20). Für Danton bilden diese Geschichte und Marions Körper eine unauflösliche Einheit; die Sinne verschwimmen ineinander: »Warum kann ich deine Schönheit nicht ganz in mich fassen, sie nicht ganz umschließen?« (I,5; S. 20) – Marion beantwortet die eigentlich rhetorische Frage bezeichnend: »Danton, deine Lippen haben Augen« (ebd.).

■ »Ver-Körperung« der Einheit

Marion ist für Danton die ideale Projektionsfläche seiner eskapistischen Wünsche. »Ich möchte ein Teil des Äthers sein, um dich in meiner Flut zu baden, um mich auf jeder Welle deines schönen Leibes zu brechen« (I,5; S. 21). – Diese Vision wird allerdings nie eingelöst werden, Marion wird im restlichen Drama buchstäblich keine Rolle mehr spielen und Danton schaltet noch in ihrer Gegenwart beim Eintreffen der Freunde in Begleitung von »zwei von den Priesterin-

■ Ziel der Sehnsucht Dantons

■ Ironische Brechung in Gegenwart der Freunde

nen mit dem Leib« (ebd.) um auf den gewohnt distanziert-ironischen Sprachstil, wenn auch die Thematik noch weiter um die Sexualität kreist. »Ei Kleine, du hast ja geschmeidige Hüften bekommen … […]. Und Adelaide ist sittsam interessant geworden! eine pikante Abwechslung. Ihr Gesicht sieht aus wie ein Feigenblatt, das sie sich vor den ganzen Leib hält. So ein Feigenbaum an einer so gangbaren Straße gibt einen erquicklichen Schatten« (ebd.).

Motiv der Geschlechtskrankheiten

Lacroix geht allerdings noch erheblich weiter: »ein moderner Adonis wird nicht von einem Eber, sondern von Säuen zerrissen, er bekommt seine Wunde nicht am Schenkel sondern in den Leisten und aus seinem Blut sprießen nicht die Rosen hervor sondern schießen Quecksilberblüten an« (I,5; S. 22). Das immer wieder anklingende Motiv drohender Geschlechtskrankheiten macht deutlich, dass der Fluchtweg in die Utopie reiner Sinnlichkeit versperrt ist. Letztlich handelt es sich dabei um die »Freisetzung von Männerphantasien«[46], die aber im Drama nicht das letzte Wort haben.

46 Christian Sondershaus, *›Dantons Tod‹ – Das Drama der Verweigerung*, in: *Werke in Kontexten: Unterrichtsvorschläge und Materialien zu ›Dantons Tod‹, ›Homo faber‹ und ›Agnes‹*, hrsg. vom Landesinstitut für Schulentwicklung, Stuttgart 2011, S. 111.

# 7. Autor und Zeit

## Zeittafel

1813 17. Oktober. Geburt in Goddelau, Hessen-Darmstadt.
1825 Besuch des Gymnasiums in Darmstadt.
1828 Konfirmation in Darmstadt.
1831 9. November. Immatrikulation an der Medizinischen Fakultät in Straßburg.
1832 Verlobung mit Wilhelmine Jaeglé.
1833 31. August. Immatrikulation in Gießen.
1834 Sommer. Entstehen der revolutionären Flugschrift *Der Hessische Landbote.*
1835 Januar. Niederschrift von *Dantons Tod.*
Frühjahr. Exil in Straßburg; Arbeit an *Lenz.*
13. Juni. Steckbriefliche Verfolgung.
11. Juli. Erscheinen der Buchausgabe von *Dantons Tod.*
1836 31. Mai. Abschluss der naturwissenschaftlichen Dissertation.
Sommer. Arbeit an *Leonce und Lena* und *Woyzeck.*
Oktober. Exil in Zürich.
5. November. Probevorlesung an der Universität in Zürich.
1837 19. Februar. Tod (Typhus).

Georg Büchner wurde 1813 im Großherzogtum Hessen-Darmstadt als erstes Kind in eine angesehene und wohlhabende, wenngleich nicht ausgesprochen

Elternhaus

reiche Familie hineingeboren. Der Vater Ernst Karl (1786–1861) stammte aus einer Mediziner-, die Mutter Caroline (geb. Reuß, 1791–1858) aus einer Beamtenfamilie. Der Umzug in die Residenzstadt Darmstadt, damals etwa 18 000 Einwohner, erfolgte nach dem beruflichen Aufstieg des Vaters zum dortigen Amts- und Stadtchirurgen. Später brachte es Karl Ernst noch bis zum Präsidenten des Großherzoglichen medizinischen Kollegiums – der Beruf des Vaters war sicher auch der Anlass für Georg Büchners Studienwahl. Politisch war der Familienvater (von insgesamt acht Kindern überlebten sechs) eher konservativ, gleichwohl war die Französische Revolution für ihn ein prägendes Geschehen: als angehender Mediziner diente er in einer der Armeen Napoleons und studierte in Paris. Regelmäßig las er später seinen Kindern aus der Zeitschrift *Die Geschichte Unserer Zeit* (Kap. 5) vor und kommentierte die Geschichte der Revolution aus seiner Sicht.

Humanistische Schulbildung mit naturwissenschaftlichem Profil

1821 wurde Georg Büchner dann in eine fortschrittliche Darmstädter Privatschule (neben den alten Sprachen, Französisch und Geschichte spielten auch Sport und Naturkunde eine wichtige Rolle) eingeschult, in der bereits die 10-jährigen Zöglinge einstudierte lateinische Reden hielten; die elementare Bildung wird ihm zuvor seine musisch veranlagte, liberal gesinnte Mutter nahegebracht haben. Am 26. März 1825 kam Büchner auf das renommierte neuhumanistische Großherzogliche Gymnasium Darmstadt. Aus dieser Zeit hat sich die Handschrift einer Gedenkrede

Abb. 10: Georg Büchner im Oktober 1833. Bleistiftzeichnung aus dem Skizzenbuch von Jean-Baptiste Alexis Muton

zum *Heldentod der vierhundert Pforzheimer* (eine legendäre Begebenheit des Dreißigjährigen Krieges) erhalten, die um den Jahreswechsel 1829/30 entstand und die perfekte Vertrautheit des Schülers mit dem System der Rhetorik (Kap. 6.4.2) zeigt. Gleichzeitig findet man bereits klare Hinweise auf den Stoff der Französischen Revolution, der Büchner nicht mehr loslassen sollte. Um den freiwilligen Opfertod der Pforzheimer zu feiern, stellt er das Ereignis in den Zusammenhang mit der Weltgeschichte: »Ich meine den Freiheits-Kampf der Franken: Tugenden entwickelten sich in ihm, wie sie Rom und Sparta kaum aufzuweisen haben und Taten geschahen, die nach Jahrhunderten noch Tausende zur Nachahmung begeistern können.«[47]

- Die Französische Revolution in einer Schulrede

Diese formal wie inhaltlich durchaus konventionell gehaltene Rede formulierte Büchner noch vor der französischen Juli-Revolution. Dieses Ereignis jenseits der nahen Grenzen sollte später den zu diesem Zeitpunkt 16-jährigen, hochintelligenten Schüler politisieren (Kap 5.1). Als Mitglied eines literarischen Schülerzirkels schmückte er sich um diese Zeit mit der roten Jakobinermütze und orientierte sich zunehmend am studentischen Burschenschaftswesen. Wahrscheinlich hat sich dieses (noch!) inszenierte Rebellentum nicht eben positiv auf die Schulleistungen ausgewirkt; das Abschlusszeugnis vom 30. März 1831 ist eher durchwachsen, mit Ausnahme der Fächer

- Mitglied eines literarischen Schülerkreises
- Mäßiges Abschlusszeugnis

47 Büchner (s. Anm. 1), S. 18.

Geschichte und v. a. Deutsch, mit Einschränkungen auch Latein.

In den Sommermonaten des Jahres 1831 bereitete sich Büchner auf das Medizinstudium vor, das er zum Wintersemester in Straßburg begann. Er wohnte dort im Haus des Pfarrers und Schriftstellers Johann Jakob Jaeglé (1763–1837), erkrankte aber im folgenden Frühjahr. Gepflegt wurde er von der Tochter des Vermieters Louise Wilhelmine (1810–1880), mit der er sich wenig später heimlich verlobte. Straßburg mit seiner renommierten Universität war in diesen Jahren nach der Juli-Revolution ein Schmelztiegel zahlreicher, oft politisch interessierter und engagierter junger Intellektueller aus ganz Europa. Durch den Pfarrer Jaeglé und seinen Großonkel Edouard Reuß fand Büchner schnell Eingang in entsprechende Kreise. Schon im ersten Winter war er Zeuge des Einzuges Ramorinos, des polnischen Freiheitskämpfers mit italienischen Wurzeln (Kap. 5.1).

■ Medizinstudium in Straßburg

■ Verlobung

Den organisierten Rahmen für seine politische Tätigkeit bot die Studentenverbindung Eugenia, wo Büchner als entschiedener Republikaner auffiel. In brieflichen Äußerungen an seine Familie äußerte er sich allerdings (zu deren Beruhigung?) eher skeptisch, so z. B. in der Reaktion auf den Frankfurter Wachensturm im Frühjahr 1822 (Kap. 5.1): »Wenn ich an dem, was geschehen, keinen Teil genommen und an dem, was vielleicht geschieht, *keinen Teil* nehmen werde, so geschieht es weder aus Mißbilligung, noch aus Furcht, sondern nur weil ich im gegenwärtigen

■ Ein entschiedener Republikaner

■ Skepsis in privaten Briefen

Zeitpunkt jede revolutionäre Bewegung als eine vergebliche Unternehmung betrachte und nicht die Verblendung Derer teile, welche in den Deutschen ein zum Kampf für sein Recht bereites Volk sehen.«[48]

Weil ein hessisches Landeskind seinen Abschluss an der heimischen Hochschule machen musste, um später eine Anstellung zu erhalten, schrieb sich Büchner zum Wintersemester 1833/34 an der Universität Gießen ein, wo er seine philosophische Bildung vervollkommnen konnte – im Vergleich zu Straßburg befand er sich aber freilich nun in der Provinz. Während einer krankheitsbedingten Studienpause in Darmstadt beschäftigte er sich (wieder) gründlich mit der Geschichte der Französischen Revolution; Belege für einen konkreten Arbeitsbeginn an *Dantons Tod* aus dieser Zeit gibt es jedoch keine. Über den ehemaligen Studenten und späteren engen Freund und politischen Weggefährten lernte Büchner nach der Rückkehr nach Gießen den Butzbacher Pfarrer und hessischen Oppositionellen Friedrich Ludwig Weidig (1791–1837) kennen.

■ Studium in Gießen

1834 beginnt die aktive politische Tätigkeit Büchners, zunächst mit der Beteiligung an der konspirativen ›Revolutionären Gesellschaft der Menschenrechte‹, in der intellektuelle Studenten gemeinsam mit interessierten Handwerkern arbeiteten. In diesem Dunstkreis entstand die revolutionäre Flugschrift *Der Hessische Landbote* im Sommer 1834, die gezielt die

■ Weidig: *Der Hessische Landbote*

48 Büchner (s. Anm. 1), S. 278.

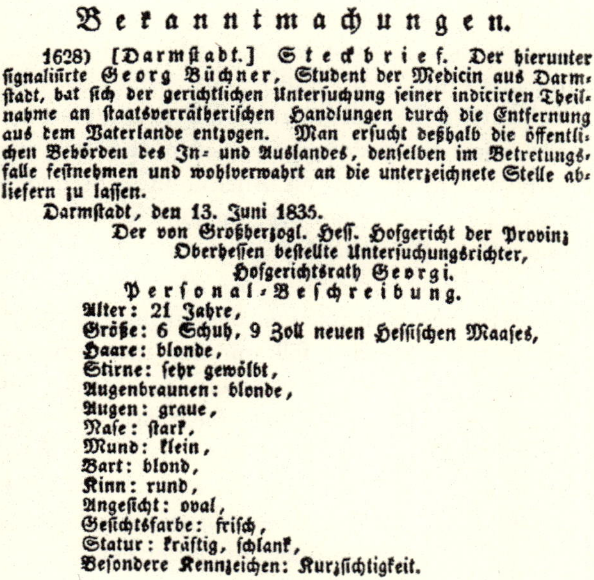

**Bekanntmachungen.**

1628) [Darmstadt.] Steckbrief. Der hierunter signalisirte Georg Büchner, Student der Medicin aus Darmstadt, hat sich der gerichtlichen Untersuchung seiner indicirten Theilnahme an staatsverrätherischen Handlungen durch die Entfernung aus dem Vaterlande entzogen. Man ersucht deßhalb die öffentlichen Behörden des In- und Auslandes, denselben im Betretungsfalle festnehmen und wohlverwahrt an die unterzeichnete Stelle abliefern zu lassen.

Darmstadt, den 13. Juni 1835.

Der von Großherzogl. Hess. Hofgericht der Provinz Oberhessen bestellte Untersuchungsrichter, Hofgerichtsrath Georgi.

Personal-Beschreibung.

Alter: 21 Jahre,
Größe: 6 Schuh, 9 Zoll neuen Hessischen Maases,
Haare: blonde,
Stirne: sehr gewölbt,
Augenbraunen: blonde,
Augen: graue,
Nase: stark,
Mund: klein,
Bart: blond,
Kinn: rund,
Angesicht: oval,
Gesichtsfarbe: frisch,
Statur: kräftig, schlank,
Besondere Kennzeichen: Kurzsichtigkeit.

Abb. 11: Steckbrief aus der Großherzoglich Hessischen Zeitung vom 18. Juni 1835

einfache Bevölkerung zum gewaltsamen Umsturz der Verhältnisse aufruft: »Friede den Hütten! Krieg den Palästen!«. Der Aufruf verhallte jedoch wirkungslos, die Auflage wurde konfisziert und Georg Büchner steckbrieflich gesucht. In dieser Situation entstand, zunächst in Darmstadt mit intensiven Quellenstudien, *Dantons Tod*.

Scheitern

Büchner schrieb über diese Phase bereits im März

1834 noch aus Gießen an seine Braut: »Ich studierte die Geschichte der Revolution. Ich fühlte mich wie zernichtet unter dem gräßlichen Fatalismus der Geschichte. Ich finde in der Menschennatur eine entsetzliche Gleichheit, in den menschlichen Verhältnissen eine unabwendbare Gewalt, Allem und Keinem verliehen. Der Einzelne nur Schaum auf der Welle, die Größe ein bloßer Zufall, die Herrschaft des Genies ein Puppenspiel, ein lächerliches Ringen gegen ein ehernes Gesetz, es zu erkennen das Höchste, es zu beherrschen unmöglich. Es fällt mir nicht mehr ein, vor den Paradegäulen und Eckstehern der Geschichte mich zu bücken. Ich gewöhnte mein Auge an Blut. Aber ich bin kein Guillotinenmesser. Das *muss* ist eins von den Verdammungsworten, womit der Mensch getauft worden ist. Der Ausspruch: es muß ja Ärgernis kommen, aber wehe, durch wen es kommt, – ist schauderhaft. Was ist das, was in uns lügt, mordet, stiehlt?«[49]

■ Erneute Beschäftigung mit der Französischen Revolution

Anfang 1835 bereitete sich Büchner auf sein Examen vor, machte sich zugleich an die Niederschrift von *Dantons Tod*, wurde zudem per Haftbefehl des Hofgerichts gesucht und musste sich vor den Eltern verstellen. Bereits im Februar 1835 ist das Drama fertig! An den Publizisten Karl Gutzkow, der das Werk dann auch förderte (Kap. 8.1), schrieb er: »Über das Werk selbst kann ich ihnen nichts weiter sagen, als daß unglückliche Verhältnisse mich zwangen, es in

■ *Dantons Tod*

49 Büchner (s. Anm. 1), S. 288.

höchstens fünf Wochen zu schreiben. Ich sage dies, um Ihr Urteil über den Verfasser, nicht über das Drama an und für sich, zu motivieren. Was ich daraus machen soll, weiß ich selbst nicht, nur das weiß ich, daß ich alle Ursache habe, der Geschichte gegenüber rot zu werden; doch tröste ich mich mit dem Gedanken, daß, Shakespeare ausgenommen, alle Dichter vor ihr wie Schulknaben dastehen.«[50]

Noch in diesem Februar wurde Büchner vor Gericht geladen – er zog aber die rasche Flucht nach Straßburg der Haft im ehemaligen Klostergefängnis Friedberg vor und tauchte dort zunächst unter. Unterwegs schrieb er der Familie: »Die Reise ging schnell und bequem vor sich. Ihr könnt, was meine persönliche Sicherheit anlangt, völlig ruhig sein. Sicheren Nachrichten gemäß bezweifle ich auch nicht, daß mir der Aufenthalt in Straßburg gestattet werden wird. […] Ich bin überzeugt, daß nach einem Verlaufe von zwei bis drei Jahren meiner Rückkehr nichts mehr im Wege stehen wird. Diese Zeit hätte ich im Falle meines Bleibens in einem Kerker zu Friedberg versessen; körperlich und geistig zerrüttet wäre ich dann entlassen worden. […] Es liegt jetzt alles in meiner Hand. Ich werde das Studium der medizinisch-philosophischen Wissenschaften mit der größten Anstrengung betreiben, und auf *dem* Felde ist noch Raum genug, um etwas Tüchtiges zu leisten und unsere Zeit ist gerade dazu gemacht, dergleichen anzuerkennen. Seit

Flucht nach Straßburg

50 Büchner (s. Anm. 1), S. 297.

ich über der Grenze bin, habe ich frischen Lebensmut, ich stehe jetzt ganz allein, aber gerade das steigert meine Kräfte. Der beständigen geheimen Angst vor Verhaftung und sonstigen Verfolgungen, die mich in Darmstadt beständig peinigte, enthoben zu sein, ist eine große Wohltat.«[51] Zwar stellte sein Vater daraufhin jeden persönlichen Kontakt zu seinem Sohn Georg für fast zwei Jahre ein, unterstützte ihn aber dennoch finanziell.

Vorabdruck, Buchpublikation (zensiert)

Im Frühjahr 1835 erschien dann *Dantons Tod* – zunächst, stark gekürzt und zensiert – in Gutzkows Zeitschrift *Phönix*. Büchner informierte im Mai seine Familie: »Das Ganze muß bald erscheinen. Im Fall es euch zu Gesicht kommt, bitte ich euch, bei eurer Beurteilung vorerst zu bedenken, daß ich der Geschichte treu bleiben und die Männer der Revolution geben mußte, wie sie waren, blutig, liederlich, energisch und zynisch. Ich betrachte mein Drama wie ein geschichtliches Gemälde, das seinem Original gleichen muß.«[52] Über die Buchpublikation von *Dantons Tod* im Juli 1835 schrieb er der Familie: »Fast auf jeder Seite weggelassen, zugesetzt, und fast immer auf die dem Ganzen nachteiligste Weise. Manchmal ist der Sinn ganz entstellt oder ganz und gar weg, und fast platter Unsinn steht an der Stelle. Außerdem wimmelt das Buch von den abscheulichsten Druckfehlern. […] Der Titel ist abgeschmackt, und mein Name steht darunter, was ich ausdrücklich verboten hatte; […]. Was üb-

Rechtfertigung gegenüber der Familie

51 Büchner (s. Anm. 1), S. 298.
52 Büchner (s. Anm. 1), S. 301.

rigens die sogenannte Unsittlichkeit meines Buches angeht, so habe ich Folgendes zu antworten: der dramatische Dichter ist in meinen Augen nichts als ein Geschichtsschreiber, steht aber *über* Letzterem dadurch, daß er uns die Geschichte zum zweiten Mal erschafft und uns gleich unmittelbar, statt eine trockene Erzählung zu geben, in das Leben einer Zeit hinein versetzt, uns statt Charakteristiken Charaktere, und statt Beschreibungen Gestalten gibt. Seine höchste Aufgabe ist, der Geschichte, wie sie sich wirklich begeben, so nahe als möglich zu kommen. Sein Buch darf weder *sittlicher* noch *unsittlicher* sein, als die *Geschichte* selbst; aber die Geschichte ist vom lieben Herrgott nicht zu einer Lektüre für junge Frauenzimmer geschaffen worden, und da ist es mir auch nicht übel zu nehmen, wenn mein Drama ebensowenig dazu geeignet ist. Ich kann doch aus einem Danton und den Banditen der Revolution nicht Tugendhelden machen! Wenn ich ihre Liederlichkeit schildern wollte, so musste ich sie eben liederlich sein, wenn ich ihre Gottlosigkeit zeigen wollte, so mußte ich sie eben wie Atheisten sprechen lassen. Wenn einige unanständige Ausdrücke vorkommen, so denke man an die weltbekannte, obszöne Sprache der damaligen Zeit, wovon das, was ich meine Leute sagen lasse, nur ein schwacher Abriß ist.«[53]

Währenddessen entstand das Prosastück *Lenz* über den tragisch-genialischen Sturm-und-Drang-Dichter

■ *Lenz*

53 Büchner (s. Anm. 1), S. 305 f.

Jakob Michael Reinhold Lenz (1751–1792), in dem der Elsässer Pfarrer und Sozialreformer Johann Friedrich Oberlin (1740–1826), dessen Grabrede Büchners Vermieter Jaeglé hielt, eine gewichtige Rolle spielt; literarische Übersetzungen aus dem Französischen erschienen. Gleichzeitig aber arbeitete der junge Wissenschaftler Georg Büchner an der Vorbereitung seiner Dissertation, seine berufliche Perspektive war eine Dozentur an der Universität im schweizerischen Zürich. Er nutzte also den Winter 1835/36, um Studien zu Struktur und Form von Flussfischen zu betreiben – was seiner Gesundheit sicherlich nicht zuträglich war. Im Mai 1836 schloss er die Arbeit dann ab.

■ Ziel: Universitätsdozentur

1836 nahm Büchner an einem gut dotierten Lustspielwettbewerb teil und verfasste hierzu *Leonce und Lena* – das Preisgeld hätte die Übersiedlung nach Zürich erheblich erleichtert. Gleichzeitig arbeitete er am *Woyzeck*-Projekt, das er nicht mehr vollenden sollte, sowie an philosophischen Themen, was in eine Vorlesung über die Entwicklung der Deutschen Philosophie seit Cartesius münden sollte. Nach Promotion und öffentlicher Probevorlesung (*Über Schädelnerven*) wurde Büchner im Herbst zum Privatdozenten in Zürich ernannt. Bereits Anfang 1837 erkrankte er allerdings an Typhus. Seine Verlobte ›Minna‹ Jaeglé erreichte Zürich noch rechtzeitig, bevor Georg Büchner am 19. Februar im Alter von 23 Jahren verstarb.

■ *Leonce und Lena*

■ *Woyzeck*

# 8. Rezeption

## Reaktionen auf das Stück

An eine Aufführung von *Dantons Tod* auf der Theaterbühne dachte zunächst niemand. So beschränkten sich die zeitgenössischen Reaktionen auf die Lektüre des (zensierten) Texts (Kap. 7). Karl Gutzkow, der nur wenig älter als Büchner war und sich für die frühen Publikationen des Dramas einsetzte, besprach 1835 im Literaturblatt *Phönix Dantons Tod* – wenig überraschend – überschwänglich:

■ Keine Aufführung im 19. Jahrhundert

■ Positive Rezension durch Gutzkow

> »Wer so sehr an der Fähigkeit der Deutschen sich mit Geist, Grazie, kurz mit Styl auszudrücken, verzweifeln muß, wie der Herausgeber einer kritischen Revüe der täglich aufwuchernden literarischen Erscheinungen, muß bei der Beurtheilung eines Buches, wie Danton's Tod von Büchner ist, eine Freude empfinden, die viel zu nüancirt und zusammengesetzt ist, als daß ich sie hier ganz wiedergeben könnte. In Bildern und Antithesen blitzt hier alles von Witz, Geist und Eleganz. Keine verrenkten Gedanken strecken ihre lange Gestalt gen Himmel und schlottern wie gespenstische Vogelscheuchen am Winde hin und her. Keine ungeborenen Embryone stehen in Spiritusgläsern um uns herum und beleidigen das Auge durch ihre Unschönheit, sie mögen auf noch so tiefe Entdeckungen zu deuten scheinen. Es ist Alles ganz, fertig, abgerundet.

> Staub und Schutt, das Atelier des Geistes sieht man nicht. Ich wüßte nicht, worin anders das Kennzeichen eines literarischen Genies besteht. Als ein solches muß man Georg Büchner mit seiner Ideenfülle, seiner erhabenen Auffassung, mit seinem Witz und Humor begrüßen. Was ist Immermanns monotone Jambenclassicität, was ist Grabbe's wahnwitzige Mischung des Trivialen mit dem Regellosen gegen diesen jugendlichen Genius!
> Ich bin stolz darauf, der Erste gewesen zu sein, der im literarischen Verkehr und Gespräch den Namen Georg Büchner's genannt hat.«
>
> Karl Gutzkow: Danton's Tod, von Georg Büchner. In Phönix. Literatur-Blatt Nro. 27. 11. Juli 1835. S. 646.

Karl Gutzkow gilt als führender Kopf des ›Jungen Deutschland‹, wie eine Gruppe von Autoren genannt wurde, deren Werke 1835 vom Deutschen Bund wegen ihrer ausgesprochen politischen Orientierung verboten wurde. Zu dieser Gruppe zählten unter anderem Heinrich Heine und Heinrich Laube. Eine scharfe Rezension des Kritikers Wolfgang Menzel, die sich gegen Gutzkows Roman *Wally die Zweiflerin* (1835) richtete, war Auslöser der Kampagne gegen das ›Junge Deutschland‹ gewesen. Gutzkow stand also an vorderster Front dieser literarisch-politischen Fehde und mit ihm auch sein Schützling Büchner, wie eine unter dem Pseudonym Felix Frei noch im Herbst 1835 veröffentlichte Entgegnung auf Gutzkows positive Würdigung von *Dantons Tod* zeigt: Der anonyme

Negative Kritik überwiegt

Kritiker findet in Büchners Drama »Auswüchse der Unsittlichkeit«, »Pestbeulen der Frechheit, die jetzt nur zu sehr in unserer schönen Literatur für Genialität angesehen wird«[54]. Ähnlich vernichtend äußert sich Herrmann Marggraf 1837: »Bei diesem genialen Cynismus wird dem Leser zuletzt ganz krankhaft pestarthig zu Muthe und unheimlich; er schließt die Augen, er hält die Ohren, die Nase zu; seine Gefühls-, seine Geschmacksnerven werden afficiert –; jeder Sinn wird aufs empörendste beleidigt und möchte außer Thätigkeit gesetzt sein.«[55] Immerhin wird dem Stück eine gewisse Genialität nicht abgesprochen.

Distanzierung Büchners vom ›Jungen Deutschland‹

Georg Büchner selbst übrigens distanzierte sich von der Gruppierung des ›Jungen Deutschland‹, wie ein Brief an die Familie vom 1. Januar 1836 zeigt: »Übrigens gehöre ich *für meine Person* keineswegs zu dem sogenannten *Jungen Deutschland*, der literarischen Partei Gutzkows und Heines. Nur ein völliges Mißkennen unserer gesellschaftlichen Verhältnisse konnte die Leute glauben machen, daß durch die Tagesliteratur eine völlige Umgestaltung unserer religiösen und gesellschaftlichen Ideen möglich sei.«[56]

Die eher wenigen unmittelbaren Reaktionen waren also überwiegend negativ. Das Stück war wohl mit seiner antiklassizistischen Ästhetik und der un-

54 Gerald Funk: *Erläuterungen und Dokumente. Georg Büchner: Dantons Tod*, Stuttgart 2015, S. 183.

55 Georg Büchner, *Dichtungen*, hrsg. von Georg Poschmann. Frankfurt a. M. 2006, S. 476.

56 Büchner (s. Anm. 1), S. 313.

Wirkung auf Dramen des 19. Jahrhunderts

eindeutigen Aussage tatsächlich seiner Zeit voraus. Indirekt aber wirkte *Dantons Tod* doch überraschend stark auf die dramatische Produktion des 19. Jahrhunderts. Zahlreiche Stücke entstanden mit verwandtem Stoff, die sich an Büchners Werk je auf ihre Art abarbeiteten, so etwa *Robespierre* von Rudolf Gottschall (1845), *Maximilian Robespierre* von Robert Griepenkerl (1849), *Robespierre* von Ferdinand von Heinemann (1850) bis hin zu Karl Bleibtreus *Weltgericht* (1888).[57] Bereits 1848 wurde die Szene IV,3 in den *Bildersaal der Weltliteratur*, herausgegeben. von Johannes Scherr, aufgenommen.[58] An Büchners Stück kam schon Mitte des 19. Jahrhunderts niemand vorbei!

Verlässlichere vollständigere Textausgaben

Parallel zu dieser Entwicklung entstanden, allerdings ebenfalls erst Jahre bis Jahrzehnte nach Büchners Tod, vollständigere und verlässlichere Ausgaben seiner Texte. Ludwig Büchner, Bruder des Autors, gab 1850 dessen *Gesammelte Schriften* heraus; zumindest einige der zensurbedingten Kürzungen waren nun nach dem Ende der 1848-er Revolution wieder zurückgenommen. Die erste wirklich brauchbare Büchner-Gesamtausgabe erschien allerdings erst 1880, herausgegeben von Karl Emil Franzos (1848–1904).

57 Christian Neuhuber, *Georg Büchner. Das literarische Werk*, Berlin 2009, S. 72 f.

58 Arnd Beise, *Einführung in das Werk Georg Büchners*, Darmstadt 2010, S. 10.

## Fortwirken in Kunst und Gesellschaft

Auf der Textgrundlage von Franzos wurde auch die Uraufführung von *Dantons Tod* durch die der Arbeiterbewegung nahestehenden Freien Volksbühne im Berliner Belle Alliance Theater am 5. Januar 1902 erarbeitet. Als künstlerisch wirklich überzeugend gelten jedoch erst die künstlerischen Auseinandersetzungen der Expressionisten mit Büchners Werk. Ein Beispiel hierfür ist das Sonett *Danton* des ebenfalls früh verstorbenen Georg Heym (1887–1912):

- Uraufführung
- Fruchtbare Rezeption im Expressionismus
- Georg Heym

»Mich töten? Herrscht der Wahnsinn im Konvent?
Die Schafe dulden es?« Und wütend greift
Ans Gitter seine Hand, das schneebereift.
Er schlägt die Stirn sich, die vom Wachen brennt.

»Wär es noch Marat, der im Staube schleift
Paris und mich. Doch solch ein Regiment,
Das nur aus Angst von Mord zu Morde rennt,
Und das mit Tugendschlamm das Volk beseift.

Der dürre Geckenkopf, der nichts vollbracht,
Er soll mich töten dürfen? Robespierre,
Ich zieh dich hinter mir in Todes Nacht.‹
Er weint vor Wut. »Ist keine Rettung mehr?«
Des Halstuchs rote Seide wird ihm sacht
Von Tränen schwarz. Die Augen werden leer.«[59]

59 Georg Heym, *Dichtungen und Schriften*, Bd. 1: *Lyrik*, hrsg. von Karl Ludwig Schneider, Hamburg 1964, S. 88.

Spätestens nach der Inszenierung durch Max Reinhardt im Berliner Deutschen Theater 1916 konnte sich das Stück im deutschsprachigen Theaterbetrieb etablieren. Alfred Döblin (1878–1957), Zeitgenosse der Expressionisten und weltbekannt durch den Roman *Berlin Alexanderplatz* (1929), war vor seinem großen Erfolg in den 1920er Jahren auch als Theaterkritiker tätig und notierte 1921:

Alfred Döblin

> »Dieser Büchner war ein toller Hund. Nach kaum dreiundzwanzig oder vierundzwanzig Jahren verzichtete er auf weitere Existenz und starb. Es scheint, die Sache war ihm zu dumm. Das war damals eine Epoche finsterster und dumpfester Reaktion, in die er hineingeboren wurde. So finster, daß sie sogar in Deutschland auffällig war. Druck erzeugt Gegendruck. Man kann die Stärke des Drucks an der Stärke des Gegendrucks ermessen. Büchner, das war ein Revolutionär vom reinsten Wasser. Er mußte aus Hessen, wo er hetzende Flugblätter, fanatische Aufrufe verfaßt hatte, fliehen. Er soll seine dramatischen Werke zum Teil auf der Flucht und unter der drohenden Gefahr der Verhaftung geschrieben haben. Eine bessere Sternkonstellation für seine Werke kann ein Revolutionär nicht finden. Dann verfaßte er eine Arbeit über die Gehirnnerven der Fische und kam damit als Dozent nach Zürich. Womit der Vorfall beendet ist. Diese gutgeschnittene Ecke Georg Büchner gibt in diesen Wochen den Berliner Theaterkaufleuten zwei Stücke

her. Das eine heißt ›Leonce und Lena‹. Ein leichtes, feines Lustspiel, im Schauspielhaus wird es hinter romantisch gerafften Gardinen leicht gespielt. Es kennzeichnet seinen Autor wenig […] Aber ›Dantons Tod‹. Da haben wir ihn. Das ist er. Und nicht nur er, sondern auch seine Zeit und seine Umwelt. […] In vierzehn Szenen wird das Zugrundegehen des noblen, skeptischen, weltschmerzlerischen, weltüberdrüssigen Danton, des Revolutionshelden von gestern, unter dem Revolutionshelden Robespierre geschildert. Die Diktatur des Proletariats siegt über die Feinheit und die Weite einer Seele. Und da haben wir Büchner. Haben ihn im Pessimismus, in den rollenden Tiraden, hören die Nähe Lord Byrons und die Skepsis Heinrich Heines.«

Alfred Döblin: Deutsches und jüdisches Theater. In: Prager Tagblatt 28. Dez. 1921. – Zit. nach: A. D.: Kleine Schriften. Bd. 1. Hrsg. von Antony W. Riley. Olten / Freiburg i. Br., 1985 S. 363 f. – 

Fast einhundert verschiedene Bühnenadaptionen wurden bis 1933 erprobt, bevor es während des Faschismus und des Zweiten Weltkrieges vorübergehend ruhiger um das Stück wurde. Die Inszenierungen danach waren in aller Regel ausgesprochen politisch orientiert, allerdings unterscheidet sich die Stoßrichtung erheblich, je nachdem, welche der drei Personengruppen (Dantonisten, Anhänger Robes-

■ Politische Inszenierungen nach 1945

pierres, Volk) im Mittelpunkt steht. Insgesamt entstanden bislang weit über eintausend verschiedene Inszenierungen.

Auch auf andere Kunstformen wirkte das Stück Büchners, am bekanntesten dürfte die *Literaturoper* von Gottfried von Einem sein (Uraufführung 1947); neben vielen Bühnenmusiken entstanden aber auch kammersymphonische Werke (z. B. *Am Revolutionsplatz* von Jan Müller-Wieland, 1989) und sogar Opern (*Danton* von Nikolai Lopatnikoff, 1931/32; *Danton* von Zbigniew Bargielski, 1968/69) in Auseinandersetzung mit dem Werk.

■ Musik

Im Expressionismus begann auch die Rezeption des Stückes auf Seiten der bildenden Künste. Erich Wünsches Radierungen zu *Dantons Tod* fanden sich 1937 auf der Liste »entarteter Kunst« wieder.

■ Bildende Kunst

Abb. 12: Titelblatt der *20 Radierungen zu Dantons Tod* von Erich Wünsche (1893–?).

# 9. Prüfungsaufgaben mit Lösungshinweisen

## Aufgabe 1: Redeanalyse (II,7)

Analysieren Sie die Rede Robespierres vor dem Nationalkonvent (II,7: S. 45–47) im Hinblick auf
a) den Gedankengang und
b) die verwendeten sprachlichen Mittel.

### Lösungshinweise

a) Anlass und Ausgangspunkt der politischen Rede ist der Antrag Legendres vor dem Nationalkonvent, Danton nach dessen Verhaftung die Möglichkeit einer Stellungnahme zu geben (S. 45,3 f.). Die Entscheidung darüber wird von Robespierre als außerordentlich grundlegend und wichtig bewertet (S. 45,25 f.). Er teilt alle Betroffenen und Beteiligten scharf in zwei dem Umfang und ihres Wertes nach höchst verschiedene Gruppen ein: »einige Männer« und »das Vaterland« (S. 45,25 f.). Zunächst werden die Gegner abgewertet; ausdrücklich Legendre (S. 45,37 f.) und Danton (S. 46,4 f.). Darauf werden mögliche Bedenken zerstreut (S. 46,20–28.), und die eigene Legitimität wird unterstrichen (46,27 f.). Pathetisch wirft Robespierre seine eigene Person in die Waagschale (S. 46,30) und beruft sich so radikal auf den für die Französische Revolution so wichtigen Gleichheitsgedanken (S. 46,31 f.; 47,1–10). Danach kann die eigene Position entschieden aufgewertet werden (S. 47,2 f.); der Schluss mit dem Vorschlag an den Konvent, den Antrag Legendres abzulehnen, erscheint so konsequent und alternativlos (S. 47,12 f.).

b) Beispiele für sprachlich-rhetorische Mittel, die in ihrer Funktion darzustellen wären:

- Rhetorische Fragen (S. 45,30; S. 46,2 f.; S. 46,9–13)
- Antithese (S. 45,25 f.; S. 46,20)
- Asyndeton (S. 46,9 f.)
- Parallelismus (S. 46,20/30/33)
- Hyperbel (S. 45,25 f.)
- Emphase (S. 46,6)

### Aufgabe 2: Szenenanalyse mit Möglichkeit zur gestaltenden Interpretation (IV,5)

a) Arbeiten Sie aus dem letzten Gespräch der Dantonisten vor der Hinrichtung (IV,5; S. 77–80) die unterschiedlichen Positionen von Danton, Camille, Lacroix, Hérault, Philippeau heraus.
b) Nehmen Sie in einem eigenen Redebeitrag selbständig zur Thematik Stellung.

#### Lösungshinweise

a) Vor dem unmittelbar bevorstehenden Tod stehen im letzten Gespräch unter den Dantonisten letzte Fragen nach dem Sinn des Lebens im Allgemeinen und insbesondere des politischen Handelns im Mittelpunkt. Dabei unterscheiden sich die einzelnen Positionen signifikant.

- Danton handelt zunächst praktisch-menschlich, indem er einen Freund beruhigt (S. 77,5). Er verabschiedet sich von der Politik, indem er einerseits sein eigenes Handeln in der Vergangenheit würdigt (S. 77,15 f.), andererseits auf das Ende Robespierres in der Zukunft hinweist (S. 77,24 f.). Im Vergleich erscheint politisches Handeln dadurch sinnlos, vgl. z. B. S. 77,34.
- Camille ist in Gedanken vor allem bei seiner Frau Lucile (S. 77,11–14), politische Fragen lehnt er ab (S. 78,10).
- Lacroix hat für die Politik nur noch Spott und Zynismus übrig (z. B. S. 77,32 f.).
- Hérault übt beißende Kritik am (einstigen) Heroismus der Revolution und ihrer Träger, z. B. S. 78,18 f.
- Philippeau unterscheidet sich von allen anderen durch seine ausgesprochene Frömmigkeit, die ihm in dieser Situation Trost spenden kann (S. 79,19–25).

b) Individuell unterschiedliche Lösungen sind denkbar, die sich auch an den Haltungen der Dantonisten kritisch abarbeiten können. Sie sollten jedoch gleichfalls kurz und treffend sein und die Schärfe ihrer Vorbilder nachahmen.

## Aufgabe 3: Literarische Erörterung / essayistisches Schreiben

»Der Dichter ist kein Lehrer der Moral« erklärte der 21-jährige Büchner nach der Veröffentlichung von *Dantons Tod* am 28. Juli in einem Brief an seine Familie. – Verfassen Sie entweder
a) eine Erörterung zum Thema, in die Sie ausgehend von Büchners *Dantons Tod* Ihre bisherige Lektüreerfahrung einbeziehen oder
b) einen Essay zum Thema.

### Lösungshinweise

Beide Varianten der Themenstellung sind anspruchsvoll, weil sie jeweils eine abstrakte Urteilsbildung voraussetzen. Die Begriffe des ›Dichters‹ sowie der ›Moral‹ bzw. des ›Lehrers der Moral‹ müssen im Textverlauf geklärt werden. Dabei sind, wie auch bei der Wahl der Beispiele, individuell unterschiedliche Ergebnisse möglich.

a) Die Erörterung eines literarischen Themas untersucht die Themenstellung aus verschiedenen Blickrichtungen und will ein intersubjektiv nachvollziehbares Ergebnis erzielen. Hier sollte zunächst mit Textbelegen geprüft werden, ob und inwieweit dem Drama *Dantons Tod* eine moralische Lehre entnommen werden kann. Eigene Beispiele anderer Werke möglichst unterschiedlicher Gattungen (von der Kinder- und Jugendliteratur über Fabeln und andere im Unterricht behandelte Texte,

z. B. Max Frisch: *Andorra*, Lessing: *Nathan der Weise*, ... bis hin zu Texten privater Lektüre, z. B. *Harry Potter* ist vieles möglich und sinnvoll) können dann strukturiert dargeboten werden. Eine daraus hervorgehende eigene Stellungnahme zur Funktion literarischer Texte wird die Erörterung abschließen.

b) Ein Essay setzt sich im Vergleich zur Erörterung freier, aber immer noch argumentativ mit der Themenstellung auseinander. Er sollte sich durch sprachliche Originalität und große inhaltliche Eigenständigkeit auszeichnen. Auch in formaler Hinsicht herrscht größere Offenheit. Vollständigkeit kann hier noch viel weniger erwartet werden. Gleichwohl muss eine klare Position deutlich werden, die mit sinnvollen Belegen und Beispielen untermauert wird.

# 10. Literaturhinweise / Medienempfehlungen

## Quellen

### Textausgaben

Georg Büchner: Werke und Briefe. Münchner Ausgabe. Hrsg. von Karl Pörnbacher [u. a.]. München $^{8}$2001.

Georg Büchner: Danton's Tod. Marburger Ausgabe. Bd. 3 (in vier Teilbdn.). Bearb. von Burghard Dedner [u. a.]. Darmstadt 2000.

Georg Büchner: Dichtungen. Hrsg. von Georg Poschmann. Frankfurt a. M. 2006.

Georg Büchner: Dantons Tod. Ein Drama. Hrsg. von Ralf Kellermann. Stuttgart 2013. (Reclam XL. 19037.)

### Sonstige Quellen

Goethe, Johann Wolfgang: Belagerung von Mainz. In: J. W. G.: Werke. Hamburger Ausgabe in 14 Bdn. Bd. 10: Autobiographische Schriften II. München 2000. S. 363–400.

Heine, Heinrich: Zur Geschichte der Religion und Philosophie in Deutschland. Hrsg. von Jürgen Ferner. Stuttgart 1997.

Heym, Georg: Dichtungen und Schriften. Bd. 1: Lyrik. Hrsg. von Karl Ludwig Schneider. Hamburg 1964.

Sappho: Gedichte. Griechisch – deutsch. Hrsg. und übers. von Andreas Bagordo. Düsseldorf 2009.

Schneider, Gerhard: Die Französische Revolution 1789–1799. Schwalbach/Ts. 2012.

## Sekundärliteratur

Beise, Arnd: Einführung in das Werk Georg Büchners. Darmstadt 2010.

Büchner-Handbuch. Leben – Werk – Wirkung. Hrsg. von Roland Borgards und Harald Neumeyer. Stuttgart 2009.

Frizen, Werner: Georg Büchner: Dantons Tod. München [u. a.] 1990. (Oldenbourg Interpretationen.)

Knapp, Gerhard P.: Georg Büchner. 3., vollst. überarb. Aufl. Stuttgart/Weimar 2000.

Martin, Ariane: Georg Büchner. Stuttgart 2007.

Neuhuber, Christian: Georg Büchner. Das literarische Werk. Berlin 2009.

Popp, Hansjürgen: Georg Büchner: Dantons Tod. Stuttgart [6]2016. (Klett Lektürehilfen.)

# 11. Zentrale Begriffe und Definitionen

**Antithese:** rhetorische Figur: Gegenüberstellung gegensätzlicher Begriffe.
➤ S. 113

**Dantonisten:** politische Gruppierung um Georges Jacques Danton (1759–1794), in Frankreich meist *indulgents* (›Gemäßigte‹) genannt. Die nicht fest (z. B. in einem politischen Klub wie die ➤ Jakobiner) miteinander verbundenen D. versuchten etwa seit dem Jahreswechsel 1793/94 im ➤ Nationalkonvent und im ➤ Wohlfahrtsausschuss eine ausgleichende Position zwischen den ➤ Girondisten und jenen radikalen Kräften einzunehmen, die die ➤ Schreckensherrschaft befürworteten. Historisch bedeutsamstes Mitglied neben Danton ist Camille Desmoulins, im Drama sind es ferner: Héraux, Lacroix, Philippeau.
➤ S. 23–30

**Dialog:** Zwiegespräch; im Drama in der Regel mündlicher Redeaustausch zwischen zwei oder auch mehr Personen.
➤ S. 76

**Drama:** bedeutet aus dem Griechischen stammend eigentlich ›Handlung‹ und meint heute eine literarische Form, in der eine Handlung durch eine oder mehrere Personen, die reden und/oder spielen, auf der Bühne dargestellt wird. Der Dramentext enthält neben Redebeiträgen der Personen auch Hinweise zur szenischen Umsetzung in Form von Regieanweisungen.
➤ S. 41–46

**Ellipse:** rhetorische Figur: das bewusste Auslassen von im regelgerechten Satzbau notwendigen Wörtern.
➤ S. 47

**Epikur:** griechischer Philosoph (ca. 340 bis 270 v. Chr.). Wirksam wurde vor allem die Ethik Epikurs, die als Ziel aller Handlungen das Freisein von Schmerz und Furcht behauptete. Schon seit römischer Zeit wird jedoch unter einem ›Epikuräer‹ grob vereinfachend bis verfälschend ein ›Genussmensch‹ verstanden.

➤ S. 11, 26 f., 68, 90

**Girondisten:** Gruppierung von großbürgerlichen Abgeordneten der französischen Nationalversammlung, die in dieser Klarheit erst in der Zeit der sie bekämpfenden ➤ Schreckensherrschaft auftrat. Sie waren zur Kooperation mit dem König bereit und forderten seit spätestens 1793 die Beendigung der Revolution; gestürzt wurden sie nach einem Aufstand der ➤ Sansculotten am 2. Juli 1793.

➤ S. 31, 58, 60f., 75

**Hébertisten:** radikale, sozialrevolutionäre politische Gruppierung innerhalb der Französischen Revolution um Jacques-René Hébert (1757–1794). Zielgruppe waren v. a. die ➤ Sansculotten, sie traten deutlich gegen die Kirche auf und waren maßgeblich am Sturz der ➤ Girondisten 1793 beteiligt. Hébert und andere wurden am 24. März 1794 selbst hingerichtet.

➤ S. 9, 11, 17, 23, 31, 45, 60

**Inszenierung:** Umsetzung eines Dramas für die Theaterbühne. Für eine Inszenierung muss das Stück bearbeitet, die Rollen besetzt, geprobt und für Bühnenbild, Kostüme sowie Musik gesorgt werden.

➤ S. 10, 82 f., 118–120

**Jakobiner:** politische Gruppierung, benannt nach dem ehemaligen Dominikanerkloster in der Rue St. Jacques in Paris, ihrem Tagungsort. Landesweit gab es dutzende regionale Jakobinerklubs, die mit der Zentrale in der Hauptstadt in Kontakt standen und für eine Republik gleichberechtigter Bürger eintraten. Als Symbol ihrer freiheitlichen Gesinnung trugen viele Jakobiner rote Mützen, sogenannte Jakobinermützen. Nach der Flucht des Königs im Juni 1791 wurde die Gruppierung zur treibenden Kraft der Radikalisierung der Revolution. Darauf spalteten sich gemäßigtere Politiker von den Jakobinern ab, so etwa die ➤ Girondisten und auch Georges Jaques Danton, um den sich dann die Gruppierung der ➤ Dantonisten bildete. In der Zeit der ➤ Schreckensherrschaft waren die Jakobiner, an ihrer Spitze Robespierre und St. Just, tonangebende politische Kraft – bis sie kurz darauf noch im Sommer 1794 selbst von den Ereignissen überholt wurden. Die führenden Jakobiner wurden hingerichtet, die Jakobinerklubs geschlossen.

➤ S. 9, 12f., 57–61, 87 f., 104

**Junges Deutschland:** Gruppierung politisch orientierter Schriftsteller im deutschen Raum der 1830er Jahre. Vor allem Heinrich Heine und Karl Gutzkow stehen für das Junge Deutschland, dessen Schriften vom Deutschen Bund 1835 wegen ihrer regimekritischen Tendenz verboten wurden. Georg Büchner stand dieser Gruppierung nahe, vertrat politisch aber eine noch radikalere demokratische Position.

➤ S. 114 f.

**Klassik, Weimarer:** literarische Strömung, ausgehend von Goethe und Schiller ca. zwischen 1786 (Goethes Italienreise) und 1805 (Tod Schillers). Die Weimarer Klassik bezog sich stark auf Form- und Stilideale der Antike und strebte vor allem nach Harmonie, Balance und Humanität. Sie gilt als ausgesprochen unpolitisch, wogegen sich Autoren des Vormärz – allen voran des ➤ Jungen Deutschland – und auch Büchner wandten.

➤ S. 40

**Liberalismus:** politische Strömung, die die Freiheit des einzelnen Individuums zum Ausgangspunkt ihres Denkens nimmt. In der Zeit des Vormärz wird der Liberalismus auch als Gegenbegriff zu den Demokraten verwendet, die politisch weiter links stehen und die Abschaffung der Monarchien fordern.

➤ S. 11, 52, 82

**Metapher:** bildliche Redeweise: das eigentlich gemeinte Wort wird durch ein sprachliches Bild ersetzt.

➤ S. 28, 91

**Moderne:** das ›Neue‹. Gerade Publizisten des ➤ Jungen Deutschland prägten den Begriff Moderne für alle als fortschrittlich geltenden Entwicklungen – nicht zuletzt in Abgrenzung von der ➤ Weimarer Klassik. Dazu gehört auf dem Feld der Literatur ein erweiterter Literaturbegriff, der etwa auch politisch engagierte Texte mit einbezieht (z. B. der *Hessische Landbote*). Politisch und geistesgeschichtlich wird unter Moderne im weiteren Sinn die Zeit seit der Aufklärung verstanden, die die Französische Revolution vorbereitete. Literaturgeschichtlich spricht man gerade im deutschsprachigen Raum von der ›Klassischen Moderne‹ und meint die zahlreichen Avantgarde-Strömungen der Jahrzehnte um 1900, z. B. den Expressionismus.

➤ S. 40

**Monolog:** Rede einer einzelnen Person im Gegensatz zum ➤ Dialog.
➤ S. 14f., 35, 47, 76

**Nationalkonvent:** gesetz- und verfassungsgebendes Organ der ersten Französischen Republik seit 1792.
➤ S. 16, 23, 30, 59

**Nihilismus:** Weltanschauung, die sich am ›Nichts‹ orientiert und alle positiven Zielsetzungen für nichtig erklärt; meist polemisch verwandt.
➤ S. 18, 26

**Parataxe:** Aneinanderreihung mehrerer Hauptsätze.
➤ S. 49

**Pathos:** große Gefühlserregung, Ergriffenheit.
➤ S. 91

**Privilegien:** Vorrechte. Die Privilegien der ersten beiden Stände, des Adels und des Klerus (Steuerfreiheit, politische Einflussnahme, wirtschaftliche und soziale Perspektiven) waren für die Abgeordneten des Dritten Standes 1789 der Auslöser, sich selbst zur Vertretung der französischen Nation zu erklären. Damit begann die Revolution der Verfassung.
➤ S. 17, 57

**Rhetorik:** Wissenschaft und Praxis der Redekunst. Die Rhetorik wurde bereits in der griechisch-römischen Antike zu einem weitverzweigten System ausgebaut, das mehr oder weniger unverändert über das Mittelalter bis in die Neuzeit und weit in das 20. Jahrhundert über die Bildungsanstalten stark wirksam war. Ziel der Rhetorik ist es, den Redner dazu zu befähigen, mit seiner Rede die Zuhörer zu überzeugen. Die Theorie unterscheidet im Wesentlichen drei unterschiedliche Redegattungen mit jeweils verschiedenen Ansprüchen an die Rede: politische Entscheidungsreden, Gerichtsreden sowie Festreden.

➤ S. 48 f., 85, 91–93, 104

**Rhetorische Frage:** rhetorisches Mittel: eine Äußerung in Frageform will eigentlich eine Aussage tätigen und damit häufig betonen.

➤ S. 49, 91, 99

**Sansculotten:** wörtl. ›Leute ohne (Kniebund-)Hose‹; Pariser Arbeiter und Kleinbürger zur Zeit der Französischen Revolution, die während der ➤ Schreckensherrschaft zu großen Teilen die tonangebende Politik der ➤ Jakobiner unterstützten. Diese enge Verbindung löste sich im Laufe des Jahres 1794 zum einen wegen der übertriebenen Terrormaßnahmen, zum anderen nach Einführung von Höchstpreisen und -löhnen. So wurden die S. ausschlaggebend für Aufstieg und Fall des ➤ Jakobiners Robespierre.

➤ S. 56, 58, 96

**Schreckensherrschaft (frz. *terreur*):** Sinnbild für die Schreckensherrschaft ist die Guillotine, mit der allein in Paris zwischen Sommer 1793 und Sommer 1794 über 16 000 (angebliche) Gegner der Revolution vom ➤ Wohlfahrtsausschuss nach kurzem Prozess hingerichtet wurden mit der einzigen Begründung, die Revolution sei in Gefahr. Während dieser Zeit regierte der ➤ Wohlfahrtsausschuss quasi diktatorisch.

➤ S. 9, 12

**Ständeklausel:** Forderung in der Dramentheorie der Frühen Neuzeit in Anlehnung an Aristoteles, dass in Tragödien nur Figuren von hohem Stand, in Komödien Figuren von niedrigem Stand auftreten sollen. Im Verlaufe der Aufklärung wurde die S. aufgegeben.

➤ S. 41

**Szene:** kleinere Gliederungseinheit eines Dramas unterhalb des Aktes.

➤ S. 42 f.

**Tragödie:** bedeutende Gattung des ➤ Dramas. Tragödien enden mit dem unausweichlichen, schicksalhaften Untergang des tragischen Helden – meist mit dessen Tod.

➤ S. 41, 45, 66

**Wohlfahrtsausschuss:** zur »Rettung der Revolution« im April 1793 eingeführtes Gremium, das mit der Begründung, die Revolution sei in Gefahr, also unter Berufung auf einen Notstand, quasi diktatorisch ohne weitere Kontrolle regierte; zunächst (seit April 1793) angeführt von Georges Jaques Danton, später von Maximilien de Robespierre und St. Just dominiert bis zum Tage des Sturzes Robespierres am 27. Juli 1794.

➤ S. 9, 18, 23, 36, 43, 58, 84